Líneas conectadas

Líneas conectadas
Nueva poesía de los Estados Unidos

April Lindner, Editor

Prefacio por Dana Gioia,
Presidente, Fondo Nacional para las Artes
(de los Estados Unidos)
Introducción por April Lindner

TRADUCTORES
Argel Corpus Guzmán
Zulai Marcela Fuentes
Ana Elena González Treviño
Gabriel Linares González
Pura López Colomé
Claudia Lucotti
Mario Murgia Elizalde
Argentina Rodríguez

REVISORES DE TRADUCCIÓN
Christian Gerzso Herrera
Ana Elena González Treviño
Gabriel Linares González
Mario Murgia Elizalde
Alan Page Arriaga
Argel Corpus Guzmán
Evelio Rojas Robles

Sarabande Books
LOUISVILLE, KENTUCKY

Managing Editor
Sarabande Books, Inc.
2234 Dundee Road, Suite 200
Louisville, KY 40205

Library of Congress Cataloging-in-Publication Data

Líneas conectadas : nueva poesía de los Estados Unidos / editor, April
    Lindner ; el introducción por Dana Gioia. — 1st ed.
        p.   cm.
    Poems in original English and matching Spanish translation.
    ISBN 1-932511-22-9 (alk. paper) — ISBN 1-932511-21-0 (pbk. : alk.
paper)
        1. American poetry—Translations into Spanish.   2. American poetry.
I. Lindner, April.
PS619.S6L56 2006
811.008—dc22   2005020938

13-digit ISBN 978-1-932-51122-2 (cloth); ISBN 978-1-932-51121-5 (paper)

Cover image: *Arcano II,* 1987 by Gunther Gerzso. Provided courtesy of the Gene C. Gerzso 1999 Trust.

Cover and text design by Charles Casey Martin

Manufactured in Canada
This book is printed on acid-free paper.

Sarabande Books is a nonprofit literary organization.

La publicación de *Líneas conectadas: Nueva poesía de los Estados Unidos* se ha realizado con el apoyo del Fondo Nacional para las Artes en los Estados Unidos, la Embajada de los Estados Unidos en México, y la Universidad Nacional Autónoma de México.

NATIONAL ENDOWMENT FOR THE ARTS

The publication of *Connecting Lines: New Poetry from the United States* was made possible with support from the National Endowment for the Arts, the U.S. Embassy in Mexico, and the National Autonomous University of Mexico.

Agradecimientos a la Fundación Witter Bynner. *Special thanks to the Witter Bynner Foundation.*

Gracias en especial a Alicia Ridenour, Tim Moran, y Chris Carpenter por su labor en haber organizado los detalles del proyecto. *Special thanks to Alicia Ridenour, Tim Moran, and Christopher Carpenter for their work in helping organize the fine details of this project.*

Índice

Kay Ryan

Larry Levis

Adrian Louis

Thomas Lux

Marilyn Nelson

Ron Silliman

Ai

Yusef Komunyakaa

Molly Peacock

Robert B. Shaw

Amy Uyematsu

Ned Balbo

H.L. Hix

Kate Light

Denise Duhamel

Rafael Campo

Sherman Alexie

Preface

Líneas conectadas: Nueva poesía de los Estados Unidos and its companion volume *Connecting Lines: New Poetry from Mexico* constitute a unique literary enterprise. These twin anthologies present a diverse cross-section of new poetry from the United States and Mexico in a bilingual format. Fifty poets from each nation have been selected to display the best work of the postwar generation written in Spanish and English. These paired anthologies represent the first of several official literary collaborations between Mexico and the United States designed to foster artistic exchange between our two great nations.

These comprehensive new books required an enormous investment of time, energy, and expertise. Hundreds of poets, translators, editors, and arts administrators have collaborated to make them possible. In particular, I would like to commend Professor Hernán Lara Zavala for his leadership and collegiality throughout this process. I also want to thank our program partners Consejo Nacional para la Cultura y las Artes (CONACULTA), the National Autonomous University of Mexico, and Ambassador Antonio O. Garza, Jr., and his staff at the Embassy of the United States in Mexico City. Chairman Adair Margo of the President's Committee on the Arts and Humanities also deserves credit for initially bringing together government leaders from the U.S. and Mexico to strengthen our cultural partnerships. This cultural summit resulted in this literary endeavor.

As *Líneas conectadas* demonstrates, it is impossible to characterize new poetic trends in the United States in any simple or monolithic way. There is no single stylistic or thematic direction that typifies the best work of the moment. Younger poets now write in a wide range of modes from traditional to experimental. Metered poetry and free verse coexist, as do lyrical, narrative, and discursive verse. Identity poetry, which puts the personal and cultural background of the writer at the center of the work, still flourishes—but so, too, do the less subjective

Prefacio

Líneas conectadas: Nueva poesía de los Estados Unidos y el volumen paralelo, *Connecting Lines: New Poetry of Mexico*, son una empresa literaria singular. Estas antologías gemelas ofrecen en forma bilingüe una muestra variada y representativa de la nueva poesía en ambos países. Se han elegido cincuenta autores de cada nación a fin de mostrar lo mejor que han escrito aquellos poetas nacidos en la posguerra. Con estos dos libros se inicia una serie de colaboraciones literarias oficiales destinadas a promover el intercambio artístico entre nuestras grandes naciones.

Ambos minuciosos tomos requirieron una enorme inversión de tiempo, energía y conocimiento. Para hacerlos posibles han colaborado centenares de poetas, traductores, editores y promotores culturales. Es digna de alabanza la forma en que el profesor Hernán Lara Zavala dirigió estas labores y otro tanto, el compañerismo que mostró durante el proceso. También expreso mi agradecimiento a quienes se unieron a nosotros para la realización de este proyecto: el Consejo Nacional para la Cultura y las Artes (CONACULTA), la Universidad Nacional Autónoma de México, el embajador Antonio O. Garza Jr y el personal de la Embajada de los Estados Unidos en México. Adaír Margo, Presidente del Comité Presidencial para las Artes y las Humanidades, merece asimismo reconocimiento por ser la que propició el encuentro entre funcionarios de los Estados Unidos y México con objeto de fortalecer la colaboración cultural entre ambos países. Esta empresa editorial es resultado directo de aquellas reuniones.

Líneas conectadas demuestra que es imposible caracterizar de una manera simple o monolítica las nuevas tendencias poéticas en los Estados Unidos. No hay un solo movimiento estilístico o temático capaz de definir la mejor poesía actual. Los poetas jóvenes escriben en una variedad de formas que van desde lo tradicional hasta lo experimental. Coexisten la poesía métrica y el verso libre, el poema lírico y el reflexivo al lado de los versos narrativos. Continúa floreciente la poesía de la identidad que pone en el centro del texto la experiencia personal y los antecedentes culturales de su autor. También prosperan estilos menos subjetivos como los poemas

styles of narrative verse and the deliberately objectified modes of postmodernist styles.

As Modernism receded as an active literary force in the past forty years and became a historical early twentieth-century movement, its complex aftermath has opened up vast possibilities for the contemporary poet—in which all styles coexist as potential generative forces. Modernism has also changed the general perception of styles. What is now more traditional in English-language poetry than free verse? What is more academic at the moment than the avant-garde? What is more rebellious than an overtly regional author? All of these questions are both provocatively useful and ultimately unresolvable because there is now no identifiable mainstream for new poetry in the United States—only a multitude of possible alternatives.

The importance of the poets in *Líneas conectadas*, therefore, is not their possible collective allegiances, but rather their individual distinction. Their work matters because it deserves to be experienced and appreciated individually. The editor of this anthology, April Lindner, has excelled at presenting the enormous, imaginative variety of contemporary U.S. poetry. The reader will not be able to predict what the next poet will offer—except perhaps energy and surprise.

Líneas conectadas also offers a representative sampling of regional voices from across the United States. Not only poets from New England and the West Coast appear in the book but important voices from the South, Midwest, Southwest, Mountain states, and Pacific Northwest. Likewise the multicultural nature of our society emerges in the variety of backgrounds that these writers represent. Simply look at the poets born in a single year such as 1947, for example, and note the ethnic diversity—Ai, Yusef Komunyakka, Molly Peacock, Robert B. Shaw, Amy Uyematsu. Such an ethnic mixture typifies contemporary literary culture in the United States today.

Mexico and the United States share a 2,000-mile border and a complex history. In the media, policy experts discuss daily the political,

que cuentan historias y las formas posmodernas deliberadamente objetivadas.

En los últimos cuarenta años el vanguardismo ha dejado de ser una fuerza literaria activa para convertirse en un fenómeno histórico de principios del siglo xx. Las consecuencias de este hecho han abierto para los poetas contemporáneos inmensas y complejas posibilidades: hoy todos los estilos coexisten y pueden ser fuerzas generadoras. La vanguardia cambió la percepción general de lo que son los estilos. En la poesía vigente de los Estados Unidos ¿qué puede ser más tradicional que el verso libre, más académico que lo vanguardista, más rebelde que un autor regional? Estas preguntas son útiles porque invitan a reflexionar, pero en última instancia no tienen respuesta: en la nueva poesía de los Estados Unidos no existe ya una corriente dominante sino una multitud de alternativas posibles.

Así pues, la importancia de los poetas incluidos en *Líneas conectadas* no radica en pertenecer a una u otra tendencia poética sino en su distinción personal. La obra de cada uno de ellos importa porque merece ser apreciada y disfrutada en sus propios términos. April Lindner, la editora de esta antología, ha hecho una excelente labor al presentar una vasta e imaginativa muestra de la poesía contemporánea de los Estados Unidos. Leemos a uno de estos poetas y es imposible prever lo que el siguiente va a ofrecernos, excepto la energía y la sorpresa de su propuesta.

Líneas conectadas ofrece a su vez muestras representativas de las voces regionales. En el libro no sólo aparecen poetas de la Nueva Inglaterra y de la Costa Oeste, sino también voces importantes del Sur, el Centro Oeste, los estados de las Montañas Rocosas y la Costa Noroeste del Pacífico. Del mismo modo la naturaleza multicultural de nuestra sociedad se revela en la gama de antecedentes y experiencias que estos poetas representan. Basta considerar a los autores nacidos en uno año determinado, digamos 1947, para apreciar su diversidad étnica: Ai, Yusef Komunyakaa, Molly Peacock, Robert B. Shaw, Amy Uyematsu. Esta mezcla étnica caracteriza la actual cultura literaria en los Estados Unidos.

México y los Estados Unidos comparten una frontera de 3,200 kilómetros y una historia muy compleja. En los medios de comunicación

economic, social, and cultural forces that unite or divide the two nations. The topic is endlessly interesting with relevance to almost every aspect of public and private life in both nations. But it is more important to remember something obvious and essential. Although Mexico and the United States remain two independent sovereign nations, they are now deeply interrelated not only by economic interdependence, political cooperation, and cultural exchange but also by flesh and blood—especially the millions of Mexican-Americans who personally embody the merger of these two great and complex national cultures.

It has taken politicians centuries to realize the vast and unbreakable human connections that unite our two nations, but ordinary individuals on both sides of the border have long recognized the special bonds. As a Mexican-American born and raised in a Southern California neighborhood where about half the population spoke Spanish, I observed, even as a child, the complex but essentially familial link being formed between Mexico and the United States.

My mother, a Mestizo woman of no advanced education, recited poetry to me from memory throughout my youth and young adulthood. Through her example, I learned that poetry is an art—like painting or jazz, opera or drama—whose pleasures are generally open to any person with the inclination to savor them. As a poet and as Chairman of the National Endowment for the Arts, I am proud to support this unique literary collaboration to help current and future generations of readers make a similar discovery of the transformative power of art.

Poets cannot resist metaphors, so let me suggest that Mexico and the United States are two neighboring families which have forged so many connections of marriage and friendship to be inexorably linked by the human bonds of love, mutual regard, common work, and kinship. These books are one small part of the now endless conversation between these two families.

—Dana Gioia

masiva los expertos discuten a diario las fuerzas políticas, económicas, sociales y culturales que unen o dividen a ambos países. Estos temas son infinitamente interesantes pues repercuten en casi todo los aspectos de la vida pública y privada de las dos naciones. Pero mucho más importante es recordar algo obvio y esencial: si bien México y los Estados Unidos son independientes y soberanos, hoy se encuentran profundamente relacionados no sólo por su interdependencia económica, sus cooperaciones políticas y sus intercambios culturales sino también por lazos de sangre: hay millones de mexicoamericanos que encarnan en su persona la unión de estas culturas nacionales tan grandes y tan complejas.

Los políticos han necesitado siglos para darse cuenta de los vastos e indisolubles lazos humanos que unen a nuestras dos naciones. En cambio, las personas comunes que viven a ambos lados de la frontera reconocen estos vínculos especiales. Al ser yo mismo un mexicoamericano, nacido y criado en una comunidad del sur de California donde la mitad de la población hablaba español, observé desde niño esas alianzas complejas pero esencialmente familiares que estaban forjando el parentesco entre México y los Estados Unidos.

Durante mi infancia y adolescencia mi madre, una mestiza que no alcanzó la educación universitaria, me recitaba poemas que se sabía de memoria. Su ejemplo me enseñó que la poesía es un arte—como la pintura o el jazz, la ópera o el teatro—cuyos placeres se encuentran a disposición de cualquier persona que anhele disfrutarlos. Como poeta y como Presidente del National Endowment for the Arts, me enorgullece apoyar esta notable colaboración cultural para ayudar a los lectores de las generaciones actuales y futuras a hacer su propio descubrimiento de los poderes transformadores del arte.

Los poetas no pueden resistirse a las metáforas. Así que permítanme sugerir que los Estados Unidos y México son dos países vecinos que han forjado muchos vínculos matrimoniales y amistosos y están inexorablemente unidos por lazos de parentesco, respeto mutuo y trabajo en común. Estos dos libros son una pequeña parte de la incesante conversación entre las dos familias.

—Dana Gioia

Traducción: José Emilio Pacheco

Introduction

Asked to select contemporary poems to represent the best poetry from the United States for a Mexican audience, I found myself forced to take Sir Arthur Quiller-Couch's famous advice to writers: "Murder your darlings." Drawing up a list of my favorite recent poems was easy and joyous work; cutting that list back to a manageable length proved much harder. The task was complicated by my desire to capture, in miniature, a sense of the richness and variety of contemporary poetry in the United States. Within limited parameters—fifty poets represented by one or two poems apiece—I sought to present a small sampling as rich in voices and viewpoints as American poetry and American life itself.

Not surprisingly, many of the poems in this book are free-verse lyrics, the most popular mode among American poets writing in the last half-century. Among contemporary lyrics, though, much variety may be found. Here, the sprawling and expansive (Larry Levis' "Elegy with a Thimbleful of Water in a Cage," for example) contrasts with the terse and finely hewn (Kay Ryan's "Turtle," perhaps). The deeply serious (Suji Kwock Kim's "Occupation" and Sherman Alexie's "The Exaggeration of Despair") bumps against the breezy and playful (Thomas Lux's "Refrigerator, 1957" and Cornelius Eady's "Jazz Dancer").

Alongside poems representing the vast mainstream of free-verse lyrics, readers of this book will find a taste of experimental poetry (poems by H. L. Hix and Ron Silliman, for example) designed to thwart a reader's preconceptions of what poems are and do. They also will discover a range of poems using traditional tools like rhyme and regular meter to produce effects quite fresh and contemporary (in Kate Light's "Safe-T-Man" or Andrew Hudgins' "Praying Drunk") or more classical and timeless ("Solving for X" by Robert B. Shaw, or "An Aubade" by Timothy Steele). This book also contains a range of narratives—a poetic mode currently undergoing a resurgence—including dramatic monologues

Introducción

Cuando se me pidió que seleccionara poemas contemporáneos que representaran la mejor poesía de los Estados Unidos ante un público mexicano, me vi en la necesidad de tomar el célebre consejo de Sir Arthur Quiller-Couch a los escritores: "Asesina a tus predilectos". Hacer una lista con los poemas recientes que más me gustaran fue una labor fácil y placentera, pero recortarla para que su extensión fuera manejable fue mucho más difícil. Lo que complicó mi tarea fue mi deseo de capturar, en miniatura, la sensación de la riqueza y variedad de la poesía contemporánea de los Estados Unidos. Con parámetros restringidos a cincuenta poetas, cada cual representado por uno o dos poemas solamente, intenté presentar una pequeña muestra tan rica en voces y perspectivas como la poesía y la vida misma en los Estados Unidos.

No es sorprendente que la mayoría de los poemas del libro estén en verso libre, ya que ha sido la modalidad más popular entre los poetas norteamericanos de la segunda mitad del siglo veinte. No obstante, la lírica contemporánea no está exenta de gran variedad. Aquí, los poemas de corte esparcido y expansivo ("Elegía con un dedal de agua en una jaula" de Larry Levis, por ejemplo) contrastan con aquéllos más tersos y finamente labrados ("Tortuga" de Kay Ryan, quizás). Los poemas profundos y serios ("Labores" de Suji Kwock Kim y "La exageración de la desesperanza" de Sherman Alexie) chocan con aquellos desenfadados y lúdicos ("Refrigerador, 1957" de Thomas Lux y "Bailarín de jazz" de Cornelius Eady). Al lado de los poemas que representan la principal corriente de la lírica en verso libre, los lectores hallarán una selección de poesía experimental (poemas de H.L. Hix y Ron Silliman) que cuestiona las ideas preestablecidas sobre lo que la poesía debe ser y hacer. También descubrirán una gama de poemas que utilizan herramientas tradicionales, como rima y patrones de versificación, que producen efectos sumamente frescos y contemporáneos (en "Seguri-man" de Kate Light y "Rezando ebrio" de Andrew Hudgins, por ejemplo) o clásicos y atemporales (en "Resolviendo la X" de Robert B. Shaw y "Alborada" de Timothy Steele). El libro también contiene una gama de poemas narrativos—una modalidad

like David St. John's "My Tea with Madame Descartes," and A. E. Stalling's "Hades Welcomes His Bride." Finally the poets represented here hail from a range of geographical regions and ethnic backgrounds. Without such diversity, no anthology could honestly claim to represent the poetry scene in the United States.

Besides being expansive, this volume—more importantly— presents a sampling of the best contemporary American poetry has to offer. Definitions of "best" will differ; mine is: most carefully crafted, memorable, and entertaining. I wanted poems that would give pleasure to the casual reader, but also reward multiple readings. I wanted work with emotional power, intriguing wordplay, captivating music and, in the case of the narratives, a compelling story. Finally, I chose poems I imagined would travel well—poems like Denise Duhamel's "Mr. Donut," Judtih Ortiz Cofer's "The Latin Deli: An Ars Poetica," or Mark Jarman's "Ground Swell," that describe a thin slice of contemporary American life in the rich specificity that magically makes the local universal. I believe each of these poems, in its own distinct way, possesses the power to transport the reader into the poet's world and make her glad she took the trip.

—April Lindner

que ha resurgido recientemente—, que incluye monólogos dramáticos como el de David St. John "Té con Madame Descartes" y el de A.E. Stalling "Hades recibe a su esposa". Por último, los poetas aquí representados son de diversas razas étnicas y provienen de una variedad de regiones geográficas. Sin tal diversidad, ninguna antología podría dar una idea adecuada del panorama de la poesía contemporánea de los Estados Unidos.

Además de tratarse de un volumen expansivo, es importante señalar que éste presenta una muestra de la mejor poesía que los Estados Unidos ofrece en la actualidad. Habrá divergencias en cuanto a cómo definir "la mejor poesía": para mí es aquélla más cuidadosamente elaborada con la factura más cuidada, la poesía más memorable y divertida. Quise incluir poemas que le resultaran placenteros al lector ocasional, pero que también redituara el leer repetidas veces. Quise incluir poemas que tuvieran impacto emocional, cuyos juegos de palabras fueran intrigantes, cuya música fuera cautivadora, y, en el caso de los poemas narrativos, cuya historia fuera conmovedora. Por último, elegí poemas que imaginé podrían funcionar bien en traducción: poemas como "El Sr. Dona" de Denise Duhamel, "La *deli* latina: un ars poética" de Judith Ortiz Cofer, y "Mar de fondo" de Mark Jarman, que describen una pequeña porción de la vida contemporánea en los Estados Unidos con esa rica especificidad que mágicamente torna lo local al universal. Creo que cada uno de estos poemas, a su manera, tiene el poder de trasladar al lector al mundo del poeta y hacer que se alegre de haber emprendido el viaje.

—April Lindner

Líneas conectadas

Kay Ryan

(n. 1945)

A Palpable Silence

What is as delightful
as a palpable silence,
a creamy latex of a
silence, stirrable
with a long stick. Such
a silence is particularly
thick at the bottom, a
very smooth lotion, like
good paint by the gallon.
This is a base silence,
colored only by addition,
say a small squeeze of
green when the bird sings
idly of trees he has
seen. It is a clean
silence, the kind that
does not divide us,
like dreams it is
viscous but like good dreams
where sweet things last and
last past credibility.
Even in the dream we know
it is a luxury.

Kay Ryan

Traducción de Argentina Rodríguez

Un silencio palpable

Qué es más delicioso
que un silencio palpable,
un látex cremoso de silencio,
que se mezcle con
una larga vara. Ese
silencio es particularmente
espeso en el fondo, una
crema muy suave, como
una pintura de calidad que se vende por galón.
Éste es un silencio base
que sólo adquiere color
con, digamos, un ligero toque de
verde, como cuando un ave canta
con indolencia acerca de los árboles
que ha conocido. Es un silencio
limpio, que no nos divide,
es viscoso como los sueños,
pero como en los sueños buenos,
donde las cosas dulces perduran
más allá de la credibilidad.
Incluso en el sueño sabemos
que esto es un lujo.

Turtle

Who would be a turtle who could help it?
A barely mobile hard roll, a four-oared helmet,
she can ill afford the chances she must take
in rowing toward the grasses that she eats.
Her track is graceless, like dragging
a packing-case places, and almost any slope
defeats her modest hopes. Even being practical,
she's often stuck up to the axle on her way
to something edible. With everything optimal,
she skirts the ditch which would convert
her shell into a serving dish. She lives
below luck-level, never imagining some lottery
will change her load of pottery to wings.
Her only levity is patience,
the sport of truly chastened things.

Tortuga

¿Quién querría ser una tortuga si pudiera remediarlo?
Un rodillo que apenas se mueve, un casco con cuatro remos,
ella difícilmente puede darse el lujo de enfrentar riesgos
cuando rema hacia las hierbas que son su alimento.
Su rastro carece de gracia, como el que deja
un pesado fardo, y casi cualquier declive
pone fin a sus esperanzas más humildes. A pesar de ser práctica,
su eje se atora a veces en su marcha
hacia algo comestible. En las mejores circunstancias,
logra rodear la zanja que podría convertir
su caparazón en un plato de comida. Ella vive
sin suerte, sin imaginar jamás que el azar
podría dar alas a su cargamento de alfarería.
Su única veleidad es la paciencia,
el pasatiempo de las cosas que en verdad sufren.

Larry Levis

(n. 1946–m. 1996)

Elegy with a Thimbleful of Water in the Cage

It's a list of what I cannot touch:

Some dandelions & black-eyed Susans growing back like innocence
Itself, with its thoughtless style,

Over an abandoned labor camp south of Piedra;

And the oldest trees, in that part of Paris with a name I forget,
Propped up with sticks to keep their limbs from cracking,

And beneath such quiet, a woman with a cane,

And knowing, if I came back, I could not find them again;

And a cat I remember who slept on the burnished mahogany
In the scooped-out beveled place on the counter below

The iron grillwork, the way you had to pass your letter *over* him
As he slept through those warm afternoons

In New Hampshire, the gray fur stirring a little as he inhaled;

The small rural post office growing smaller, then lost, tucked
Into the shoreline of the lake when I looked back;

Larry Levis

Traducción de Argentina Rodríguez

Elegía con un dedal de agua en una jaula

Es una lista de lo que no puedo tocar:

Algunos dientes de león y susanas de ojos negros que crecen como la inocencia
Misma, con su estilo descuidado,

En un campo abandonado de trabajos forzados al sur de Piedra;

Y los árboles más viejos, en ese lugar de París con un nombre que no
     recuerdo,
Sostenidos con palos para evitar que sus ramas se rompan,

Y debajo de esa quietud, una mujer con un bastón,

Y saber, si regresaba, que no los volvería a encontrar;

Y recuerdo a un gato que dormía sobre el ébano bruñido
En el hueco biselado del mostrador debajo

Del enrejado, y la manera en que debías pasar tu carta por encima de él
Mientras dormía en aquellas tibias tardes

En New Hampshire, su piel gris agitándose suavemente mientras respiraba;

La pequeña oficina postal del pueblo se volvía cada vez más pequeña, hasta
     desaparecer, plegándose
En la ribera del lago cuando yo miraba hacia atrás;

Country music from a lone radio in an orchard there.
The first frost already on the ground.

*

And those who slipped out of their names, as if *called*
Out of them, as if they had been waiting

To be called:

Stavros lecturing from his bequeathed chair at the Café Midi,
In the old Tower Theatre District, his unending solo

Above the traffic on Olive, asking if we knew what happened
To the Sibyl at Cumae *after* Ovid had told her story,

After Petronius had swept the grains of sand from it, how,

Granted eternal life, she had forgotten to ask for youth, & so,
As she kept aging, as her body shrank within itself

And the centuries passed, she finally

Became so tiny they had to put her into a jar, at which point
Petronius lost track of her, lost interest in her,

And at which point she began to suffocate

In the jar, suffocate without being able to die, until, finally,
A Phoenician sailor slipped the gray piece of pottery—

Its hue like an overcast sky & revealing even less—

La música *country* de un radio solitario en un huerto.
La primera escarcha sobre la tierra.

*

Y aquellos que se salían sin advertir de sus nombres, como si les *pidieran*
Salir, como si hubieran estado esperando

Que los llamaran:

Stavros dando cátedra desde la silla que heredó en el Café Midi,
En el viejo Distrito de Tower Theater, su monólogo interminable

Por encima del tráfico de Olive, preguntándonos si sabíamos lo que sucedió
Con la Sibila en Cumae *después* de que Ovidio relató su historia,

Después de que Petronio barrió los granos de arena, cómo,

Después de que obtuvo la vida eterna, ella olvidó pedir la juventud, y así,
Mientras envejecía, mientras su cuerpo se iba encogiendo

Y los siglos pasaban, hasta que finalmente,

Se volvió tan diminuta que tuvieron que colocarla en un frasco, y fue
    entonces que
Petronio perdió su rastro, perdió interés en ella,

Y fue entonces que comenzó a sofocarse

En el frasco, a asfixiarse sin poder morir, hasta que, finalmente,
Un marinero fenicio deslizó rápidamente la pieza gris de barro—

Su color de cielo encapotado y revelando aún menos—

Into his pocket, & sold it on the docks at Piraeus to a shop owner
Who, hearing her gasp, placed her in a birdcage

On a side street just off Onmonios Square, not to possess her,

But to protect her from pedestrians, & the boys of Athens rattled
The bars of her cage with sticks as they ran past yelling,

"Sibyl, Sibyl, what do you want?"—each generation having to
Listen more closely than the one before it to hear

The faintest whispered rasp from the small bitter seed
Of her tongue as she answered them with the same

Remark passing through time, "I want to die!" As time passed & she
Gradually grew invisible, the boys had to press

Their ears against the cage to hear her.

And then one day the voice became too faint, no one could hear it,
And after that they stopped telling

The story. And then it wasn't a story, it was only an empty cage
That hung outside a shop among the increasing

Noise of traffic, &, from the square itself, blaring from loudspeakers,
The shattered glass & bread of political speeches

That went on half the night, & the intermittent music of strip shows
In summer when the doors of the bars were left open,

And then, Stavros said, the sun shone straight through the cage.

En su bolsillo y lo vendió a un comerciante en los muelles de Pireo
Quien, al escucharla jadear la puso en una jaula de pájaros que colgó

En una calle lateral muy cerca de la plaza Onmonios, no como si fuera su
    posesión,

Sino para protegerla de los peatones, y los muchachos de Atenas le pegaban
A los barrotes de la jaula con palos cuando corrían a su lado gritando,

"¡Sibila, Sibila! ¿qué quieres?" —cada generación tenía que
Escuchar con más atención que la anterior para oír

El susurro imperceptible de la pequeña semilla amarga
De su lengua que daba la misma

Respuesta a través del tiempo, "¡Quiero morir!" El tiempo pasaba y ella
Poco a poco se volvió invisible, los niños debían apretar

Sus orejas a la jaula para escucharla.

Y entonces un día la voz se volvió muy débil, nadie la pudo escuchar,
Y fue así que dejaron de contar

La historia. Y después ya no era una historia, sino sólo una jaula vacía
Que colgaba afuera de una tienda entre el ruido del tráfico

Que iba en aumento, y en la misma plaza, a través del estruendo de los
    altavoces,
El vidrio y el pan rotos de los discursos políticos

Que duraban la mitad de la noche, y la música intermitente de los *strip shows*
En el verano cuando las puertas de los bares permanecían abiertas,

Y entonces, dijo Stavros, el sol brilló a través de la jaula.

You could see there was nothing inside it, he said, unless you noticed
How one of the little perches swung back & forth, almost

Imperceptibly there, though the street was hot, windless; or unless
You thought you saw a trace of something flicker across

The small mirror above the thimbleful of water, which of course
Shouldn't have been there, which should have evaporated

Like the voice that went on whispering ceaselessly its dry rage

Without listeners. He said that even if anyone heard it,
They could not have recognized the dialect

As anything human.

He would lie awake, the only boy in Athens who

Still heard it repeating its wish to die, & he was not surprised,
He said, when the streets, the bars & strip shows,

Began to fill with German officers, or when the loudspeakers
And the small platform in the square were, one day,

Shattered into a thousand pieces.

As the years passed, as even the sunlight began to seem
As if it was listening to him outside the windows

Of the Midi, he began to lose interest in stories, & to speak
Only in abstractions, to speak only of theories,

Never of things.

Podías ver que no había nada dentro, dijo, a no ser que vieras
Cómo uno de los columpios se mecía de un lado a otro, casi

Imperceptiblemente, a pesar del calor en la calle, sin viento; a menos
Que pensaras haber visto la señal de algo que temblaba a través

Del pequeño espejo del dedal de agua, que claro está
No debía estar ahí, que debía haberse evaporado

Como la voz que continuaba murmurando sin cesar su seca ira

Sin que nadie la escuchara. Dijo que si alguien la oía,
No hubiera podido reconocer el dialecto

Como algo humano.

Él permanecía despierto, el único niño de Atenas que

Todavía escuchaba repetir su deseo de morir, y no se sorprendió,
Dijo, cuando las calles, los bares y los *strip shows*,

Se llenaron de oficiales alemanes, o cuando los altavoces
Y la pequeña plataforma en la plaza, un día,

Fueron rotos en mil pedazos.

Y mientras los años pasaban, y la luz del sol parecía escucharlo
Afuera de las ventanas

Del Midi, él comenzó a perder interés en las historias, y comenzó a hablar
Sólo de abstracciones, a hablar sólo de teorías,

Nunca de cosas.

Then he began to come in less frequently, & when he did,
He no longer spoke at all. And so,

Along the boulevards in the winter the bare limbs of the trees
One passed in the city became again

Only the bare limbs of trees; no girl stepped into them
To tell us of their stillness. We would hear

Rumors of Stavros following the gypsy Pentecostalists into
Their tents, accounts of him speaking in tongues;

Glossolalia, he once said, which was all speech, & none.

In a way, it didn't matter anymore. Something in time was fading—
And though girls still came to the café to flirt or argue politics

Or buy drugs from the two ancient boys expressionless as lizards
Now as they bent above a chessboard—

By summer the city parks had grown dangerous.

No one went there anymore to drink wine, dance, & listen
To metal amplified until it seemed, as it had

Seemed once, the bitter, cleansing angel released at last from what
Fettered it inside us. And maybe there

Wasn't any angel after all. The times had changed. It became
Difficult to tell for sure. And anyway,

Entonces venía con menos frecuencia, y cuando lo hacía,
Ya no hablaba. Y así,

En el invierno a lo largo de los bulevares que recorría en la ciudad
Las ramas desnudas de los árboles se volvían de nuevo

Sólo las ramas desnudas de los árboles, ninguna niña se adentraba en ellos
Y nos hablaba de su quietud. Podíamos escuchar

Los rumores acerca de Stavros persiguiendo a los gitanos pentecostalistas hasta
Sus tiendas, relatos acerca de él hablando sin sentido;

Glossolalia, dijo una vez, todo discurso, y nada.

En cierta forma, ya no importaba. Algo se iba desvaneciendo con el tiempo—
Y a pesar de que las muchachas todavía venían al café a coquetear o a
    discutir de política

O a comprar drogas de los dos muchachos envejecidos tan inexpresivos
    como lagartos
Mientras se inclinaban sobre el tablero de ajedrez—

Para el verano los parques de la ciudad se habían vuelto peligrosos.

Ya nadie iba ahí a beber vino, a bailar, y a escuchar
El metal amplificado hasta que pareció, como

Alguna vez pareciera, que el amargado ángel purificador se libró al fin de
    aquello
Que lo aprisionaba dentro de nosotros. Y quizás

Ahí después de todo nunca hubo un ángel. Los tiempos habían cambiado. Se
    volvió
Difícil saberlo de cierto. Y de todos modos,

There was a law against it now; a law against gathering at night
In the parks was actually all that the law

Said was forbidden for us to do, but it came to the same thing.
It meant you were no longer permitted to know,

Or to decide for yourself,

Whether there was an angel inside you, or whether there wasn't.

*

Poverty is what happens at the end of any story, including this one,
When there are too many stories.

When you can believe in all of them, & so believe in none;
When one condition is as good as any other.

The swirl of wood grain in this desk: is it the face of an angel, or
The photograph of a girl, the only widow in her high school,

After she has decided to turn herself

Into a tree? (It was a rainy afternoon, & her van skidded at sixty;
For a split second the trunk of an oak had never seemed

So solemn as it did then, widening before her.)

Or is it misfortune itself, or the little grimace the woman
Makes with her mouth above the cane,

There, then not there, then there again?

Or is it the place where the comparisons, the little comforts
Like the cane she's leaning on, give way beneath us?

Existía ahora una ley en contra; una ley que prohibía reunirse en la noche
En los parques era todo lo que la ley

Nos prohibía, pero era la misma cosa.
Quería decir que no era permitido saber,

O decidir por uno mismo,

Si había un ángel dentro de nosotros, o si no lo había.

*

La privación es aquello que sucede al final de cualquier historia, como ésta,
Cuando hay demasiadas historias.

Cuando puedes creer en todas, y de este modo no creer en ninguna;
Cuando una condición es tan buena como cualquier otra.

El remolino del grano de madera en este escritorio: es el rostro de un ángel, o
La fotografía de una joven, la única viuda en su escuela preparatoria,

¿Después que decidiera transformarse

En un árbol? (Era una tarde lluviosa, y su camioneta patinó a 60 por hora;
Por una fracción de segundo el tronco de un roble nunca le pareció

Tan solemne como cuando se extendió frente a ella.)

¿O es la desgracia, o la breve mueca en la boca
de la mujer sobre el bastón,

Ahí, entonces ahí no, entonces ahí otra vez?

¿O es el lugar donde las comparaciones, las pequeñas comodidades
Como el bastón en el que se recarga, ceden bajo nosotros?

*

What do you do when nothing calls you anymore?
When you turn & there is only the light filling the empty window?

When the angel fasting inside you has grown so thin it flies
Out of you a last time without your

Knowing it, & the water dries up in its thimble, & the one swing
In the cage comes to rest after its almost imperceptible,

Almost endless, swaying?

I'm going to stare at the whorled grain of wood in this desk
I'm bent over until it's infinite,

I'm going to make it talk, I'm going to make it
Confess everything.

I was about to ask you if you were cold, if you wanted a sweater,
Because...well, as Stavros would say

Before he began one of those

Stories that seemed endless, the sun pressing against
The windows of the café & glinting off the stalled traffic

Just beyond them, this could take a while;

*

I pass the letter I wrote to you over the sleeping cat & beyond

the iron grillwork, into the irretrievable.

*

¿Qué haces cuando ya nada te llama?
¿Cuando te das vuelta y sólo está la luz llenando la ventana desierta?

¿Cuando el ángel que ayuna en tu interior ha adelgazado tanto que vuela
Lejos de ti una última vez sin

Que te des cuenta, y el agua se seca en el dedal, y el único columpio
En la jaula se detiene después de su casi imperceptible,

Casi interminable, vaivén?

Voy a clavar la vista en el remolino del grano de madera de este escritorio
Sobre el que me inclino hasta que se vuelva infinito,

Voy a hacer que hable, voy a hacer que
Confiese todo.

Estaba a punto de preguntarte si tenías frío, si querías un suéter,
Porque…bueno, como diría Stavros

Antes de comenzar una de esas

Historias que parecían interminables, el sol insistiendo en
Las ventanas del café y reflejando el tránsito detenido

Justo detrás de ellas, esto podría llevarnos un rato;

*

Paso la carta que te escribí por encima del gato dormido y más allá del

enrejado, hacia lo irrecuperable.

Adrian Louis

(n. 1946)

Looking for Judas

Weathered gray, the wooden walls
of the old barn soak in the bright
sparkling blood of the five-point mule
deer I hang there in the moonlight.
Gutted, skinned, and shimmering in eternal
nakedness, the glint in its eyes could
be stolen from the dry hills of Jerusalem.
They say before the white man
brought us Jesus, we had honor.
They say when we killed the Deer People,
we told them their spirits
would live in our flesh.
We used bows of ash, not spotlights, no rifles,
and their holy blood became ours.
Or something like that.

Adrian Louis

Traducción de Mario Murgia Elizalde

En busca de Judas

De un gris deslavado, las paredes de madera
del viejo granero chupan la refulgente y
espumosa sangre del cariacú
de cinco puntas que cuelgo ahí a la luz de la luna.
Destripado, desollado y brillando en desnudez
eterna, el destello de sus ojos podría
robarse de las colinas secas de Jerusalén.
Dicen que antes de que el hombre blanco
nos trajera a Jesús, teníamos honor.
Dicen que cuando matamos a los Hombres Ciervo,
les dijimos que su espíritu
viviría en nuestra carne.
Usamos arcos de ceniza, no reflectores, ni rifles,
y su sangre santa se volvió nuestra.
O algo parecido.

Without Words

Farewell from this well is impossible.
Man is composed mainly of water.
I lower a frayed rope into the depths and hoist
the same old Indian tears to my eyes.
The liquid is pure and irresistible.
We have nothing to live for, nothing to die for.
Each day we drink and decompose into a different flavor.
Continuity is not fashionable
and clashing form is sediment
obscuring the bottom of thirst.
The parched and cracking mouths
of our Nations do not demand
a reason for drinking
so across America
we stagger and stumble with contempt for the future
and with no words of pride for our past.

Sin palabras

Decir adiós desde este pozo es imposible.
El hombre está compuesto principalmente de agua.
Bajo a las profundidades una soga desgastada y subo
las mismas antiguas lágrimas indias hasta mis ojos.
El líquido es puro e irresistible.
No tenemos nada por qué vivir, nada por qué morir.
Cada día bebemos y nos descomponemos en un sabor diferente.
La continuidad no está de moda
y la forma que se agita es el sedimento
que oscurece el fondo de la sed.
Las bocas secas y agrietadas
de nuestras Naciones no exigen
una razón para beber
así que en América
nos tambaleamos y nos tropezamos con desdén hacia el futuro
y no tenemos palabras de orgullo para nuestro pasado.

Thomas Lux

(n. 1946)

A Little Tooth

Your baby grows a tooth, then two,
and four, and five, then she wants some meat
directly from the bone. It's all

over: she'll learn some words, she'll fall
in love with cretins, dolts, a sweet
talker on his way to jail. And you,

your wife, get old, flyblown, and rue
nothing. You did, you loved, your feet
are sore. It's dusk. Your daughter's tall.

Refrigerator, 1957

More like a vault—you pull the handle out
and on the shelves: not a lot,
and what there is (a boiled potato
in a bag, a chicken carcass
under foil) looking dispirited,
drained, mugged. This is not
a place to go in hope or hunger.
But, just to the right of the middle

Thomas Lux

Traducción de Argentina Rodríguez

Un pequeño diente

A tu bebé le crece un diente, después dos,
y cuatro, y cinco, después quiere la carne
pegada al hueso. Todo

ha terminado: ella aprenderá algunas palabras, se enamorará
de cretinos, bobalicones, de un buscón
con labia camino a la cárcel. Y tú,

tu esposa, viejos, cubiertos de manchas, y sin
ilusiones. Hiciste, amaste, te duelen
los pies. Está atardeciendo. Tu hija es alta.

Refrigerador, 1957

Más parecido a una bóveda —jalas la manija hacia afuera
y en las repisas: hay poco,
y lo que hay (una papa hervida
en una bolsa, el cadáver de un pollo
debajo del papel de aluminio) se ve desanimado,
escurrido, como tomado por asalto. Este no es
el lugar al que acudimos con esperanzas o con hambre.
Pero, justo a la derecha del centro

of the middle door shelf, on fire, a lit-from-within red,
heart red, sexual red, wet neon red,
shining red in their liquid, exotic,
aloof, slumming
in such company: a jar
of maraschino cherries. Three-quarters
full, fiery globes, like strippers
at a church social. Maraschino cherries, maraschino,
the only foreign word I knew. Not once
did I see these cherries employed: not
in a drink, nor on top
of a glob of ice cream,
or just pop one in your mouth. Not once.
The same jar there through an entire
childhood of dull dinners—bald meat,
pocked peas and, see above,
boiled potatoes. Maybe
they came over from the old country,
family heirlooms, or were status symbols
bought with a piece of the first paycheck
from a sweatshop,
which beat the pig farm in Bohemia,
handed down from my grandparents
to my parents
to be someday mine,
then my child's?
They were beautiful
and, if I never ate one,
it was because I knew it might be missed
or because I knew it would not be replaced
and because you do not eat
that which rips your heart with joy.

a la mitad de la puerta, ardiendo, rojo incendiado y profundo,
rojo corazón, rojo sexo, rojo neón húmedo,
rojo brillando en su líquido, exótico,
indiferente, como si estuviera divirtiéndose
con esta compañía
de los bajos fondos: un frasco
de cerezas maraschino. Tres cuartos
lleno, globos ardientes, como *strippers*
en una reunión religiosa. Cerezas maraschino, maraschino,
la única palabra extranjera que conocí. Nunca supe
para qué servían: no se usaban
para las bebidas, tampoco para
las bolas de helado,
o para echarte una a la boca. Ni una vez.
El mismo frasco ahí durante toda
una niñez de cenas aburridas —carne rala,
guisantes cacarañados y, véase más arriba,
papas hervidas. Quizá
vinieron del viejo continente,
herencias familiares, o un símbolo de prestigio
adquirido con parte de la primera paga
de una fábrica de explotadores,
mucho mejor que en la granja de cerdos en Bohemia,
de las manos de mis abuelos
a las de mis padres
para que fuera mío algún día,
¿y después de mi hijo?
Eran muy bellas
y, si nunca comí una,
fue porque sabía que se darían cuenta
o porque sabía que no podrían reemplazarla
o porque no te comes
aquello que te rompe el corazón de felicidad.

Marilyn Nelson

(n. 1946)

How I Discovered Poetry

It was like soul-kissing, the way the words
filled my mouth as Mrs. Purdy read from her desk.
All the other kids zoned an hour ahead to 3:15,
but Mrs. Purdy and I wandered lonely as clouds borne
by a breeze off Mount Parnassus. She must have seen
the darkest eyes in the room brim: The next day
she gave me a poem she'd chosen especially for me
to read to the all except for me white class.
She smiled when she told me to read it, smiled harder,
said oh yes I could. She smiled harder and harder
until I stood and opened my mouth to banjo playing
darkies, pickaninnies, disses and dats. When I finished
my classmates stared at the floor. We walked silent
to the buses, awed by the power of words.

Minor Miracle

Which reminds me of another knock-on-wood
memory. I was cycling with a male friend,
through a small midwestern town. We came to a 4-way
stop and stopped, chatting. As we started again,
a rusty old pick-up truck, ignoring the stop sign,
hurricaned past scant inches from our front wheels.

Marilyn Nelson

Traducción de Argentina Rodríguez

Cómo descubrí la poesía

Fue como si besaran mi alma, las palabras
que la Sra. Purdy leía desde su escritorio llenaron mi boca.
Los otros chicos pensaban en lo que harían después de las 3:15,
pero la Sra. Purdy y yo vagábamos solitarias como nubes arrastradas
por una brisa del Monte Parnaso. Ella debió ver
brillar los ojos más oscuros del salón: Al día siguiente
me dio un poema que eligió especialmente para
que lo leyera a la clase donde todos eran blancos, menos yo.
Ella sonrió cuando me dijo léelo, sonrió con firmeza,
me dijo *oh sí tú puedes*. Sonrió más y más
hasta que me puse de pie y abrí mi boca a la música del banjo
que los negros tocaban, pelo é pasa, éto y éso. Cuando terminé
mis compañeros clavaron la vista en el piso. Caminamos en silencio
hacia los autobuses, sobrecogidos por el poder de las palabras.

Un pequeño milagro

Esto me trae a la memoria
otro recuerdo inquietante. Andaba en bicicleta con un amigo,
a través de un pequeño pueblo del medio oeste. Llegamos a una bocacalle
y, conversando, nos detuvimos. Cuando continuamos,
una camioneta vieja y oxidada no prestó atención a la señal,
pasó como un rayo a escasas pulgadas de nuestras ruedas delanteras.

My partner called, "Hey, that was a 4-way stop!"
The truck driver, stringy blond hair a long fringe
under his brand-name beer cap, looked back and yelled,
                    "You fucking niggers!"
And sped off.
My friend and I looked at each other and shook our heads.
We remounted our bikes and headed out of town.
We were pedaling through a clear blue afternoon
between two fields of almost-ripened wheat
bordered by cornflowers and Queen Anne's lace
when we heard an unmuffled motor, a honk-honking.
We stopped, closed ranks, made fists.
It was the same truck. It pulled over.
A tall, very much in shape young white guy slid out:
greasy jeans, homemade finger tattoos, probably
a Marine Corps boot-camp footlockerful
of martial arts techniques.

"What did you say back there!" he shouted.
My friend said, "I said it was a 4-way stop.
You went through it."
"And what did I say?" the white guy asked.
"You said: 'You fucking niggers.'"
The afternoon froze.

"Well," said the white guy,
shoving his hands into his pockets
and pushing dirt around with the pointed toe of his boot,
"I just want to say I'm sorry."
He climbed back into his truck
and drove away.

Mi compañero gritó, "¡Oye, esa era una bocacalle!"
El chofer, de pelo rubio lacio con un largo fleco
bajo una gorra con el nombre de una marca de cerveza, miró hacia atrás
        y gritó,
                "¡Pinches negros!"
Y aceleró.
Mi amigo y yo nos miramos y meneamos la cabeza.
Nos subimos de nuevo a nuestras bicicletas y nos dirigimos a la salida del
        pueblo.
Pedaleábamos en una tarde clara y azul
entre dos campos de trigo maduro
bordeados de liebrecillas y zanahorias silvestres
cuando escuchamos el ruido ensordecedor de un motor, los bocinazos.
Nos detuvimos, cerramos filas, alistamos los puños.
Era el mismo camión. Se detuvo.
Un joven blanco, alto y atlético descendió:
jeans manchados de aceite, tatuajes de fabricación casera, con toda
        seguridad
un recluta de la Infantería de Marina patán de las barracas rebosando
técnicas de artes marciales.

"¡Qué dijiste hace un rato!" gritó.
Mi amigo le respondió, "Que era una bocacalle.
No te detuviste."
"¿Y qué dije yo?" preguntó el tipo blanco.
"Dijiste: " 'Pinches negros.'"
La tarde se volvió de hielo.

"Bueno," dijo el blanco,
metiendo sus manos en los bolsillos
y escarbando la tierra con la afilada punta de su bota,
"Sólo quería disculparme."
Se subió al camión
y se alejó.

Ron Silliman

(n. 1946)

From *The Chinese Notebook*

1. Wayward, we weigh words. Nouns reward objects for meaning. The chair in the air is covered with hair. No part is in touch with the planet.

2. Each time I pass the garage of a certain yellow house, I am greeted with barking. The first time this occurred, an instinctive fear seemed to run through me. I have never been attacked. Yet I firmly believe that if I opened the door to the garage I should confront a dog.

3. Chesterfield, sofa, divan, couch—might these items refer to the same object? If so, are they separate conditions of a single word?

4. My mother as a child would call a potholder a "boppo," the term becoming appropriated by the whole family, handed down now by my cousins to their own children. Is it a word? If it extends, eventually, into a general usage, at what moment will it become one?

5. Language is, first of all, a political question.

6. I wrote this sentence with a ballpoint pen. If I had used another would it have been a different sentence?

7. This is not philosophy, it's poetry. And if I say so, then it becomes painting, music or sculpture, judged as such. If there are variables

Ron Silliman

Traducción de Argentina Rodríguez

De *El cuaderno chino*

1. De manera caprichosa, damos fuerza a las palabras. Los sustantivos premian a los objetos que significan. La silla en el aire está cubierta de pelos. Ninguna parte está en contacto con el planeta.

2. Cada vez que paso por el garaje de cierta casa amarilla, me saludan unos ladridos. La primera vez, me recorrió un miedo instintivo. Nunca he sido atacado. Sin embargo creo firmemente que si abriera la puerta del garaje me enfrentaría a un perro.

3. Chesterfield, sofá, diván, canapé — ¿todas estas cosas se refieren al mismo objeto?— De ser así, ¿son éstas las condiciones particulares de una sola palabra?

4. Cuando era niño mi madre llamaba "boppo" a un agarrador de cosas calientes, el término lo llegó a emplear toda la familia, mis primos lo transmitieron a sus hijos. ¿Es una palabra? Si con el tiempo su uso se llegara a generalizar, ¿en qué momento se convertiría en una palabra?

5. El lenguaje es, ante todo, una cuestión política.

6. Escribí esta oración con un bolígrafo. ¿Si hubiera usado otra pluma habría sido una oración diferente?

7. Esto no es filosofía, es poesía. Y si así lo sostengo, entonces se convierte en pintura, música o escultura, y se juzga como tal. Si

to consider, they are at least partly economic—the question of the distribution, etc. Also differing critical traditions. Could this be good poetry, yet bad music? But yet I do not believe I would, except in jest, posit this as dance or urban planning.

8. This is not speech. I wrote it.

9. Another story, similar to 2: until well into my twenties the smell of cigars repelled me. The strong scent inevitably brought to mind the image of warm, wet shit. That is not, in retrospect, an association I can rationally explain. Then I worked as a legislative advocate in the state capitol and was around cigar smoke constantly. Eventually the odor seemed to dissolve. I no longer noticed it. Then I began to notice it again, only now it was an odor I associated with suede or leather. This was how I came to smoke cigars.

10. What of a poetry that lacks surprise? That lacks form, theme, development? Whose language rejects interest? That examines itself without curiosity? Will it survive?

11. Rose and maroon we might call red.

12. Legalistic definitions. For example, in some jurisdictions a conviction is not present, in spite of a finding of guilt, without imposition of sentence. A suspension of sentence, with probation, would not therefore be a conviction. This has substantial impact on teachers' credentials, or the right to practice medicine or law.

13. That this form has a tradition other than the one I propose, Wittgenstein, etc., I choose not to dispute. But what is its impact on the tradition proposed?

hay variables que considerar, son en parte de índole económica—
la cuestión de la distribución, etcétera.— También las tradiciones
críticas difieren. ¿Podría ser esto buena poesía, pero mala música?
Pero aún no creo que pueda afirmar, a no ser que sea en son de
broma, que esto es danza o planeación urbana.

8. Esto no es discurso. Yo lo escribí.

9. Otra historia, parecida a la 2: hasta bien entrado en mis veintes el
olor de los puros me repugnaba. El fuerte aroma traía a mi mente
de manera inevitable la imagen de la mierda tibia y húmeda. Esta
no es, si regreso a mis recuerdos, una asociación que pueda explicar
de manera racional. Después trabajé como abogado legislativo en
el capitolio estatal y estaba constantemente rodeado del humo de
los puros. Con el tiempo el olor pareció disolverse. Ya no lo notaba.
Después comencé a notarlo de nuevo, sólo que ahora lo asociaba
con gamuza o con cuero. Fue así que empecé a fumar puros.

10. ¿Qué sucede con una poesía que carece de sorpresa? ¿Que carece
de forma, tema, desarrollo? ¿Cuyo lenguaje rechaza todo interés?
¿Que se examina a sí misma sin curiosidad? ¿Sobrevivirá?

11. Al rosa y al marrón podríamos llamarlos rojo.

12. Definiciones legalistas. Por ejemplo, en algunas jurisdicciones una
condena no se actualiza, a pesar de que se encuentre culpable al
sujeto, sin la imposición de la sentencia. La suspensión de una
sentencia, bajo libertad condicional, no sería por lo tanto una
condena. Lo anterior afecta considerablemente el historial de los
maestros, así como el derecho de practicar la medicina o las leyes.

13. Que esta forma tiene una tradición diferente a la que propongo,
Wittgenstein, etcétera, no lo voy a discutir. ¿Pero cómo afecta a la
tradición propuesta?

14. Is Wittgenstein's contribution strictly formal?

15. Possibility of a poetry analogous to the paintings of Rosenquist—specific representational detail combined in non-objective, formalist systems.

16. If this were theory, not practice, would I know it?

17. Everything here tends away from an aesthetic decision, which, in itself, is one.

18. I chose a Chinese notebook, its thin pages not to be cut, its six redline columns which I turned 90°, the way they are closed by curves at both top and bottom, to see how it would alter the writing. Is it flatter, more airy? The words, as I write them, are larger, cover more surface on this two-dimensional picture plane. Shall I, therefore, tend toward shorter terms—impact of page on vocabulary?

19. Because I print this, I go slower. Imagine layers of air over the planet. One closer to the center of gravity moves faster, while the one above it tends to drag. The lower one is thought, the planet itself the object of the thought. But from space what is seen is what filters through the slower outer air of representation.

20. Perhaps poetry is an activity and not a form at all. Would this definition satisfy Duncan?

21. Poem in a notebook, manuscript, magazine, book, reprinted in an anthology. Scripts and contexts differ. How could it be the same poem?

14. ¿Es la contribución de Wittgenstein estrictamente formal?

15. La posibilidad de una poesía análoga a la pintura de Rosenquist—detalles figurativos y específicos combinados con sistemas formalistas y no objetivos—.

16. ¿Si ésta fuera una teoría, y no una práctica, lo sabría?

17. Todo esto se aleja de una decisión estética que, en sí misma, es una decisión.

18. Escogí un cuaderno chino, sus delgadas páginas que no se cortan, sus seis columnas rojas que giré a 90°, la forma en que termina con curvas tanto arriba como abajo, para saber cómo se podría alterar la escritura. ¿Es más plana, más ligera? Las palabras, mientras las escribo, son más grandes, cubren una mayor superficie de este plano pictórico de dos dimensiones. Debo, entonces, elegir términos más breves —¿el impacto de la página en el vocabulario?—

19. Porque lo voy imprimiendo avanzo con más lentitud. Imaginen unas capas de aire sobre el planeta. La más cercana al centro de gravedad se mueve con rapidez, mientras que la que está arriba se arrastra. La de abajo es el pensamiento, el planeta es el objeto del pensamiento. Pero lo que se observa desde el espacio es lo que se filtra a través del lento aire externo de la representación.

20. Quizá la poesía sea una actividad y no una forma. ¿Duncan se sentiría satisfecho con esta definición?

21. Un poema en un cuaderno, en un manuscrito, en una revista, en un libro, impreso nuevamente en una antología. La letra y los contextos difieren. ¿Cómo podría ser el mismo poema?

22. The page intended to score speech. What an elaborate fiction that seems!

23. As a boy, riding with my grandparents about Oakland or in the country, I would recite such signs as we passed, directions, names of towns or diners, billboards. This seems to me now a basic form of verbal activity.

24. If the pen won't work, the words won't form. The meanings are not manifested.

25. How can I show that the intentions of this work and poetry are identical?

22. La página tenía la intención de registrar al discurso. ¡Esto parece ser una ficción muy elaborada!

23. Cuando era niño viajaba con mis abuelos por Oakland o por el campo, y repetía las señales que pasábamos, las direcciones, los nombres de poblaciones o de restaurantes, los anuncios. Ahora esto me parece una forma básica de actividad verbal.

24. Si la pluma no funciona, las palabras no se forman. Los significados no se manifiestan.

25. ¿Cómo puedo mostrar que las intenciones de este trabajo y de la poesía son las mismas?

Ai

(n. 1947)

Child Beater[1]

Outside, the rain, pinafore of gray water, dresses the town
and I stroke the leather belt,
as she sits in the rocking chair,
holding a crushed paper cup to her lips.
I yell at her, but she keeps rocking;
back, her eyes open, forward, they close.
Her body, somehow fat, though I feed her only once a day,
reminds me of my own just after she was born.
It's been seven years, but I still can't forget how I felt.
How heavy it feels to look at her.

I lay the belt on a chair
and get her dinner bowl.
I hit the spoon against it, set it down
and watch her crawl to it,
pausing after each forward thrust of her legs
and when she takes her first bite,
I grab the belt and beat her across the back
until her tears, beads of salt-filled glass, falling,
shatter on the floor.

I move off. I let her eat,
while I get my dog's chain leash from the closet.
I whirl it around my head.

---

1. Written in the tradition of Browning's dramatic monologues, this poem conveys the moral and
   psychological cost of child abuse.

Ai

Traducción de Argentina Rodríguez

El golpeador de niños[1]

Afuera, la lluvia, delantal de agua gris, viste al pueblo
y yo acaricio el cinturón de piel,
mientras ella está sentada en la mecedora,
sosteniendo un vaso estrujado de papel contra sus labios.
Le grito, pero ella continúa meciéndose;
hacia atrás, sus ojos se abren, hacia adelante, se cierran.
Su cuerpo, gordo por alguna razón, ya que la alimento sólo una vez al día,
me recuerda al mío justo después de que ella nació.
Han pasado siete años, pero todavía no puedo olvidar cómo me sentía.
La pesadez al mirarla.

Coloco el cinturón sobre una silla
y voy por su plato de comida.
Lo golpeo con la cuchara, lo pongo en el suelo
y la veo arrastrarse hacia él,
una pausa después de cada movimiento hacia adelante,
y cuando da la primera mordida,
tomo el cinturón y le pego en la espalda
hasta que sus lágrimas, cuentas de vidrio llenas de sal, caen,
estrellándose en el piso.

Me hago a un lado. La dejo comer,
mientras, voy al closet por la cadena del perro.
La hago girar sobre mi cabeza.

---

1. Escrito en la tradición de monólogos dramáticos de Browning, este poema revela el coste moral y
   psicológico del abuso en niños.

O daughter, so far, you've only had a taste of icing,
are you ready now for some cake?

She Didn't Even Wave

For Marilyn Monroe

I buried Mama in her wedding dress
and put gloves on her hands,
but I couldn't do much about her face,
blue-black and swollen,
so I covered it with a silk scarf.
I hike my dress up to my thighs
and rub them,
watching you tip the mortuary fan back and forth.
Hey. Come on over. Cover me all up
like I was never here. Just never.
Come on. I don't know why I talk like that.
It was a real nice funeral. Mama's.
I touch the rhinestone heart pinned to my blouse.
Honey, let's look at it again.
See. It's bright like the lightning that struck her.

I walk outside
and face the empty house.
You put your arms around me. Don't.
Let me wave goodbye.
Mama never got a chance to do it.
She was walking toward the barn
when it struck her. I didn't move;
I just stood at the screen door.

Oh hija, hasta ahora, sólo has probado un poco del betún,
¿estás lista ahora para el pastel?

Ni siquiera dijo adiós

Para Marilyn Monroe

Sepulté a mamá en su vestido de novia
y le puse guantes en las manos,
pero no pude hacer mucho por su rostro,
amoratado e hinchado,
así que lo cubrí con una pañoleta de seda.
Me arremango el vestido hasta los muslos
y los froto,
mientras observo cómo ladeas el ventilador de la funeraria de atrás
    para adelante.
Oye. Ven acá. Cúbreme toda
como si nunca hubiera estado aquí. Nunca.
Vamos. No sé porqué hablo de esta manera.
De veras que fue un funeral bonito. El de mamá.
Toco las piedras falsas del corazón prendido en mi blusa.
Cariño, veámoslo de nuevo.
Ves. Es tan brillante como el rayo que la mató.

Camino hacia afuera
y miro de frente la casa vacía.
Me abrazas. No lo hagas.
Déjame decir adiós.
Mamá nunca tuvo la oportunidad de hacerlo.
Ella caminaba hacia el establo
cuando la mató. Yo no me moví;
sólo me quedé parada en la puerta de mosquitero.

Her whole body was light.
I'd never seen anything so beautiful.

I remember how she cried in the kitchen
a few minutes before.
She said, *God. Married.*
I don't believe it, Jean, I won't.
He takes and takes and you just give.
At the door, she held out her arms
and I ran to her.
She squeezed me so tight:
I was all short of breath.
And she said, *don't do it.*
In ten years, your heart will be eaten out
and you'll forgive him, or some other man, even that
and it will kill you.
Then she walked outside.
And I kept saying, I've got to, Mama,
hug me again. Please don't go.

Todo su cuerpo se iluminó.
Nunca había visto algo tan bello.

Recuerdo que había llorado en la cocina
unos minutos antes.
Dijo, *Dios mío. Casada.*
No lo creo, Jean, no puedo.
Él recibe y recibe y tú solamente das.
En la puerta abrió los brazos
y corrí hacia ella.
Me apretó con fuerza:
me quedé sin aire.
Y me dijo, *no lo hagas.*
En diez años, habrá devorado tu corazón
y lo perdonarás, o a cualquier otro hombre, incluso eso,
y te aniquilará.
Entonces caminó hacia afuera.
Y yo continuaba diciéndole, tengo que hacerlo, mamá,
abrázame de nuevo. Por favor no te vayas.

Yusef Komunyakaa

(n. 1947)

Facing It

My black face fades,
hiding inside the black granite.

> I said I wouldn't,
> dammit: No tears.
> I'm stone. I'm flesh.
> My clouded reflection eyes me
> like a bird of prey, the profile of night
> slanted against morning. I turn
> this way—the stone lets me go.
> I turn this way—I'm inside
> the Vietnam Veterans Memorial
> again, depending on the light
> to make a difference.
> I go down the 58,022 names,
> half-expecting to find
> my own in letters like smoke.
> I touch the name Andrew Johnson;
> I see the booby trap's white flash.
> Names shimmer on a woman's blouse
> but when she walks away
> the names stay on the wall.
> Brushstrokes flash, a red bird's
> wings cutting across my stare.
> The sky. A plane in the sky.
> A white vet's image floats

Yusef Komunyakaa

Traducción de Argentina Rodríguez

Cara a cara

Mi rostro negro se desvanece,
se esconde en el granito negro.

Dije que no lo haría,
maldita sea: Sin lágrimas.
Soy de piedra. Soy de carne.
Mi reflejo nebuloso me observa
como un ave de rapiña, el perfil de la noche
soslayando la mañana. Giro
hacia aquí—la piedra me deja ir.
Giro hacia aquí—otra vez estoy dentro
del Monumento a los Veteranos de Vietnam—,
esperando que la luz
causa la diferencia.
Recorro los 58,022 nombres,
esperando a medias encontrar
el mío en letras de humo.
Toco el nombre Andrew Johnson;
veo el destello de la trampa emboscada.
Los nombres resplandecen en la blusa de una mujer
pero cuando se aleja
los nombres permanecen en la pared.
Las pinceladas brillan, las alas
de un ave roja atraviesan el recorrido de mi mirada.
El cielo. Un avión en el cielo.
La imagen blanca de un veterano flota

closer to me, then his pale eyes
look through mine. I'm a window.
He's lost his right arm
inside the stone. In the black mirror
a woman's trying to erase names:
No, she's brushing a boy's hair.

Ode to the Maggot

Brother of the blowfly
& godhead, you work magic
Over battlefields,
In slabs of bad pork

& flophouses. Yes, you
Go to the root of all things.
You are sound & mathematical.
Jesus Christ, you're merciless

With the truth. Ontological & lustrous,
You cast spells on beggars & kings
Behind the stone door of Caesar's tomb
Or split trench in a field of ragweed.

No decree or creed can outlaw you
As you take every living thing apart. Little
Master of earth, no one gets to heaven
Without going through you first.

más cerca de mí, entonces sus pálidos ojos
miran a través de los míos. Soy una ventana.
Él perdió su brazo derecho
dentro de la piedra. En el espejo negro
una mujer intenta borrar los nombres:
No, está cepillando el cabello de un niño.

Oda al gusano

Hermano del moscón
y deidad, practicas la magia
Sobre los campos de batalla,
En los trozos de cerdo descompuesto

y en las posadas de mala muerte. Sí, tú
Vas al origen de todas las cosas.
Tú eres fuerte y matemático.
Jesucristo, no te apiadas

De la verdad. Ontológico y lustroso,
Hechizas a los mendigos y a los reyes
Detrás de la pétrea puerta de la tumba de César
O abres trincheras en un campo de ambrosía.

Ninguna ley o credo te prohíbe
Despedazar un ser vivo. Pequeño
Amo de la tierra, nadie llega al cielo
Sin antes pasar por ti.

Molly Peacock

(n. 1945)

Subway Vespers

Thank you for some ventilation and a pole for my hands.
Thank you that the man with whiskey breath and
bloodshot eyes, business suit, plus monogrammed

cuffs (likely to behave) is significantly
taller than I am, leaving me inches of free
space between my place at the pole, his, and the lady

weeping below me. Over the loudspeaker a voice
informs us a track obstruction leaves no choice
but for a man to check each car's wheels twice.

Obstruction? Must be a body. Try to see:
nothing but black tunnel walls and the guilty
heads of those with seats. Thank you for my dusty clothes,

and that we are not naked in a cattle car.
After they find the body, we won't have to walk far.
A man's legs dangle above the door...

but he's alive, mumbling into his beeper.
The conductor replies on the loudspeaker,
"Only garbage on the track!" You, our keeper,

Molly Peacock

Traducción de Argentina Rodríguez

Plegaria vespertina en el metro

Gracias por un poco de aire y por un tubo para mis manos.
Gracias porque el hombre con aliento a whisky y
ojos enrojecidos, traje de negocios, y mancuernas

con monogramas (posiblemente sabrá comportarse) es mucho más
alto que yo, me deja unas pulgadas de espacio
libre entre mi lugar en el tubo, el de él, y el de la señora

que llora debajo de mí. A través del altavoz se
nos informa que una obstrucción no deja más alternativa
que revisar dos veces cada rueda del vagón.

¿Una obstrucción? Ha de ser un cuerpo. Trataré de ver:
no hay más que las paredes negras del túnel y las cabezas
culpables de los que tienen asientos. Gracias por mis ropas polvorientas,

y que no estemos desnudos en un vagón de ganado.
Después que hallen el cuerpo, no tendremos que ir muy lejos.
Las piernas de un hombre cuelgan arriba de la puerta…

pero está con vida, murmurando en su transmisor.
El conductor responde en el altavoz,
"¡Sólo había basura en los rieles!" Tú, nuestro guardián,

we thank you for releasing the brake.
We'll go home, buyers of fish, bread, and steak,
to sit and watch the news we do not make.

The engine starts. My prayer implodes with a red
shot of relief that we won't be led
down a tunnel, past a corpse, out from the track bed,
but delivered to a lighted station instead.

Why I Am Not a Buddhist

I love desire, the state of want and thought
of how to get; building a kingdom in a soul
requires desire. I love the things I've sought—
you in your beltless bathrobe, tongues of cash that loll
from my billfold—and love what I want: clothes,
houses, redemption. Can a new mauve suit
equal God? Oh no, desire is ranked. To lose
a loved pen is not like losing faith. Acute
desire for nut gateau is driven out by death,
but the cake on its plate has meaning,
even when love is endangered and nothing matters.
For my mother, health; for my sister, bereft,
wholeness. But why is desire suffering?
Because want leaves a world in tatters?
How else but in tatters should a world be?
A columned porch set high above a lake.
Here, take my money. A loved face in agony,
the spirit gone. Here, use my rags of love.

te damos las gracias por hacer soltar los frenos.
Iremos a casa, compradores de pescado, pan y carne,
para sentarnos a ver las noticias que no son creación nuestra.

El motor arranca. Mi plegaria implosiona con un rojo
disparo de alivio por no haber sido llevados
a través de un túnel, al lado de un cuerpo, fuera de la línea principal,
sino por ser conducidos a una estación iluminada.

Por qué no soy budista

Amo el deseo, el estado de necesidad y de saber
adquirir; construir un reino en el alma
requiere del deseo. Amo las cosas que anhelo—
tú en tu bata de baño sin amarrar, las lenguas de efectivo que cuelgan
de mi billetera—y amo lo que quiero: ropa,
casas, redenciones. ¿Acaso un traje nuevo color malva
equivale a Dios? Oh, no, el deseo tiene jerarquías. Perder
una pluma amada no es igual a perder la fe. El deseo pertinaz
por un pastel de nuez es menos apremiante que la muerte,
pero el pastel en su plato adquiere un significado,
incluso cuando el amor peligra y ya nada importa.
Para mi madre, salud, para mi hermana, desposeída,
entereza. ¿Pero por qué el deseo es sufrimiento?
¿Porque la carencia deja al mundo en harapos?
¿De qué otra manera sino en harapos debe estar el mundo?
Una casa con un portal rodeado de columnas en lo alto sobre un lago.
Ten, aquí está mi dinero. Un rostro amado en agonía,
el espíritu se ha marchado. Ten, usa mis harapos de amor.

Robert B. Shaw

(n. 1947)

A Bowl of Stone Fruit

Never forget the child's face, nonplused
on touching first an apple, then a pear,
then a banana, his bewildered stare
becoming peevish as his buoyant trust

in the appearances that grown-ups prize
founders. Items for which his taste buds lusted
are for display, and regularly dusted.
Try to explain how people feast their eyes

on such a centerpiece, how they are able
to cherish a quartz peach, whose blushing skin
is bonded pigment, stone bearing within
no stone a tree would spring from. Now the table

stands taller than his head; but watch him grow,
to grow unflustered by the cold and hard
baubles adult taste holds in fond regard.
Never forget his face, first made to know.

Robert B. Shaw

Traducción de Argentina Rodríguez

Un tazón de fruta de piedra

Nunca olvides el rostro de un niño, confundido
cuando toca primero una manzana, luego una pera,
luego un plátano, su mirada perpleja
se torna malhumorada al tiempo que zozobra

su animada confianza en las apariencias que atesoran
los adultos. Los objetos que su paladar incipiente codicia
están en exhibición, y se sacuden con regularidad.
Trata de explicar por qué la gente deleita sus ojos

con ese centro de mesa, por qué admiran
un durazno de cuarzo, cuya piel sonrojada
es la prueba de un pigmento, la piedra que no lleva dentro
una semilla que dé vida a un árbol. Ahora la mesa

está más alta que su cabeza; pero míralo crecer,
crecer sin quedar confundido por las baratijas
frías y duras que aprecian los adultos.
No olvides su rostro, hecho antes que nada para conocer.

Solving for X

Protean emblem, how to pin you down?
You are the unknown quantity in hiding
behind a blackboard's haze of wasted chalk,
mark on a treasure map a second look
proves innocent of place names or of bearings,
malefactor pursued through twenty chapters
to be unmasked by equally fictitious
detectives who would miss you in real life.
Miss you—because you flourish so profusely,
straddling so many contexts (sacred, sinister,
rarefied, common): sparkling in the dome's
mosaic, you are the monogram of Christ
or instrument of Andrew's martyrdom;
or, white on black, the femurs crossed beneath
buccaneer's merry bogy. Black on yellow
warns more mildly: railroad tracks ahead.
Sign of a kiss, and multiplying sign,
Caesar's 10, illiterate signature,
teacher's mark in the margin ("wrong again").
Antepenultimate character, you abut
a forking path that leads to the alphabet's
ultimate fizzle—snore in a comic strip—
while you, in suchlike sagas, replace the eyes
of two-dimensional victims just gunned down.
Unable to take form without a pause
and lifting of the pen, are you implying
that two strokes representing different meanings
cancel each other out, or one the other?
But one stroke leaves the other standing, starts
the latest round of tic-tac-toe. We live
webbed in the world's converging decussations,
no further away than our own shoelaces,
bemused by the plasticity of signs

Resolviendo la X

Emblema proteico, ¿cómo obligarte a darme la solución?
Eres la cantidad desconocida oculta
detrás de la neblina de tizas gastadas del pizarrón,
la señal en el mapa de tesoros que una segunda mirada
confirma la inocencia de los nombres de los lugares o de los rumbos,
el malvado perseguido a lo largo de veinte capítulos
para ser desenmascarado por detectives
también ficticios que en la vida real resultarían extraños.
Te extrañarán—porque floreces de manera tan abundante,
a caballo entre tantos contextos (sagrados, siniestros,
enrarecidos, comunes): resplandeciente en el mosaico
del domo, eres el monograma de Cristo
o el instrumento del martirio de Andrés;
o, blanco sobre un fondo negro, los fémures cruzados bajo
el fantasma jocoso del bucanero. Negra sobre un fondo amarillo
brindas una señal: vías del tren adelante.
Signo de un beso y de multiplicación,
el 10 de César, firma del analfabeta,
nota del maestro al margen ("incorrecto de nuevo").
Antepenúltima letra, tú trazas
una bifurcación que lleva al último
sonido sibilante del alfabeto—el ronquido en una tira cómica—
mientras tú, en sagas similares, sustituyes los ojos
de víctimas bidimensionales acabadas de asesinar.
Incapaz de tomar forma sin pausa
y una elevación de la pluma, ¿das a entender
que dos trazos que representan significados diferentes
eliminan al otro, o uno al otro?
Pero un trazo deja al otro de pie, da inicio
al último juego de gato. Vivimos
enmarañados en los entrecruzamientos convergentes del mundo,
no más allá de los cordones de nuestros zapatos,
absortos por la plasticidad de los signos

that after some initial idle noticings
beckon our attention from all sides:
stitch of a little girl's sampler (1850),
weave in a wicker porch chair, fingers crossed
just now for luck; and here, facing the water,
sturdy tape bracing each staring window
in the gray lull before the hurricane hits.

que, después de reparar indolentemente en ellos,
atraen por todos lados nuestra atención:
la puntada del muestrario de una niña (1850),
entretejida en una silla de mimbre en un portal, los dedos cruzados
en este momento para la buena suerte; y aquí, frente al agua,
una cinta resistente que refuerza cada ventana que mira fijamente
a la quietud gris antes de que el huracán ataque.

Amy Uyematsu

(n. 1947)

Deliberate

So by sixteen we move in packs
learn to strut and slide
in deliberate lowdown rhythm
talk in a syn/co/pa/ted beat
because we want so bad
to be cool, never to be mistaken
for white, even when we leave
these rowdier L.A. streets—
remember how we paint our eyes
like gangsters
flash our legs in nylons
sassy black high heels
or two inch zippered boots
stack them by the door at night
next to Daddy's muddy gardening shoes.

The Ten Million Flames of Los Angeles

—a New Year's poem, 1994

I've always been afraid of death by fire,
I am eight or nine when I see the remnants of a cross
burning on the Jacobs' front lawn,

Amy Uyematsu

Traducción de Pura López Colomé

Deliberado

Así que a los dieciséis avanzamos en manada
aprendemos a pavonearnos y deslizarnos
a un ritmo bajo deliberado
a hablar en compases sin/co/pa/dos
porque tenemos tantas ganas
de ser lo máximo, que nunca se nos confunda
con un blanco, ni siquiera al abandonar
estas pendencieras calles de Los Ángeles...
y recordar que nos pintamos los ojos
como pandilleros
avanzamos como de rayo con medias de nylon
insolentes zapatos negros de tacón
o botas con cierre de tacón de diez centímetros
que acomodamos junto a la puerta de noche
junto a las enlodadas botas de jardinería de papá.

Las diez millones de llamas de Los Ángeles

Poema de Año Nuevo, 1994

Siempre he tenido miedo de morir quemada,
tengo ocho o nueve años cuando veo los restos de una cruz
en llamas en el prado delantero de los Jacob,

seventeen when Watts[1] explodes in '65,
forty-four when Watts blazes again in 1992.
For days the sky scatters soot and ash which cling to my skin,
the smell of burning metal everywhere. And I recall
James Baldwin's warning about the fire next time.

> *Fires keep burning in my city of angels,*
> *from South Central to Hollywood,*
> *burn, baby, burn.*

In '93 LA's Santana winds incinerate Laguna and Malibu.
Once the firestorm begins, wind and heat regenerate
on their own, unleashing a fury so unforgiving
it must be a warning from the gods.

> *Fires keep burning in my city of angels,*
> *how many does it take,*
> *burn, LA, burn.*

Everybody says we're all going to hell.
No home safe
from any tagger, gangster, carjacker, neighbor.
LA gets meaner by the minute
as we turn our backs
on another generation of young men,
become too used to this condition
of children killing children.
I wonder who to fear more.

> *Fires keep burning in my city of angels,*
> *but I hear someone whisper,*
> *"Mi angelita, come closer."*

---

1. The predominantly black neighborhood in Los Angeles, torn apart by riots in 1965 and 1992.

diecisiete cuando estalla Watts[1] en el '65;
cuarenta y cuatro cuando Watts se incendia de nuevo en 1992.
Durante días enteros se esparcen por el cielo hollín y cenizas que se me
    pegan a la piel,
por todos lados huele a metal quemado. Y recuerdo
la advertencia de James Baldwin acerca del fuego por venir.

> *El fuego sigue encendido en mi ciudad de los ángeles,*
> *de South Central hasta Hollywood,*
> *arde, querida, arde.*

En el '93 los vientos de Santana, Los Ángeles, incendian Laguna y Malibú.
Una vez que la tormenta de fuego se ha desatado, el viento y el calor se
    regeneran
por cuenta propia, desencadenando una furia tan implacable
que parece una advertencia de los dioses.

> *El fuego sigue encendido en mi ciudad de los ángeles,*
> *cuántos se necesitarán,*
> *arde, Los Ángeles, arde.*

Todo mundo dice que todos nos iremos al infierno.
No hay hogar que se salve
de ningún ratero, pillo, robacoches, vecino.
Los Ángeles se hace más malvada a cada instante
conforme le damos la espalda
a otra generación de jovencitos,
y nos acostumbramos demasiado a esta realidad
de niños que matan niños.
Me pregunto a quién habrá que temerle más.

> *El fuego sigue encendido en mi ciudad de los ángeles,*
> *pero escucho a alguien susurrar:*
> *"Mi angelita, acércate más."*

---

1. Vecindario predominantemente negro de Los Ángeles, destrozado por los disturbios de 1965 y 1992.

Though I ready myself for the next conflagration,
I feel myself giving in to something I can't name.
I smile more at strangers, leave big tips to waitresses,
laugh when I'm stuck on the freeway, content
just listening to B.B. King's "Why I Sing the Blues."

"Mi angelita, mi angelita."

I'm starting to believe in a flame
which tries to breathe in each of us.
I see young Chicanos fasting one more day
in a hunger strike for education,
read about gang members preaching peace in the 'hood,
hear Reginald Denny[2] forgiving the men
who nearly beat him to death.
I look at people I know, as if for the first time,
sure that some are angels. I like the unlikeliness
of this unhandsome crew—the men losing their hair,
needing a shave, those with dark shining
eyes, and the grey-haired women, rage
and grace in each sturdy step.
What is this fire I feel, this fire which breathes freely
inside without burning them alive?

Fires keep burning in my city of angels,
but someone calls to me,
"Angelita, do not run from the flame."

---

2. A white truck driver who was badly beaten during the 1992 riots.

Aunque me preparo para mi próxima conflagración,
siento que estoy cediendo ante algo que no puedo nombrar.
Les sonrío más a los extraños, dejo enormes propinas a las meseras,
suelto la carcajada cuando quedo atrapada en el metro, satisfecha
con sólo escuchar el "Por qué canto el *Blues*" de B. B. King.

"Mi angelita, mi angelita."

Comienzo a creer en una llama
que quiere alentar en cada uno de nosotros.
Veo a jóvenes chicanos ayunando un día más
durante una huelga de hambre por la educación,
leo algo acerca de los pandilleros que predican la paz en el barrio,
escucho a Reginald Denny[2] otorgando su perdón a quienes
por poco lo matan a golpes.
Miro a la gente que conozco, como si no la conociera,
segura de que algunos son ángeles. Me encanta la improbabilidad
de esta fea tripulación… hombres que se están quedando calvos,
que necesitan afeitarse, los que miran con ojos oscuros,
brillantes, y las mujeres canosas, que detentan su rabia
y su gracia a cada paso.
¿Qué es este fuego que siento, este fuego que alienta libremente
por dentro sin quemarlos vivos?

El fuego sigue encendido en mi ciudad de los ángeles,
pero alguien me advierte:
"Angelita, no huyas de la llama."

---

2. Camionero blanco golpeado despiadadamente durante los disturbios de 1992.

R. S. Gwynn

(n. 1948)

Body Bags

I

Let's hear it for Dwayne Coburn, who was small
And mean without a single saving grace
Except for stealing—home from second base
Or out of teammates' lockers, it was all
The same to Dwayne. The Pep Club candy sale,
However, proved his downfall. He was held
Briefly on various charges, then expelled
And given a choice: enlist or go to jail.

He finished basic and came home from Bragg
For Christmas on his reassignment leave
With one prize in his pack he thought unique,
Which went off prematurely New Year's Eve.
The student body got the folded flag
And flew it in his memory for a week.

II

Good pulling guards were scarce in high school ball.
The ones who had the weight were usually slow
As lumber trucks. A scaled-down wild man, though,
Like Dennis "Wampus" Peterson, could haul
His ass around right end for me to slip
Behind his blocks. Played college ball a year—
Red-shirted when they yanked his scholarship
Because he majored, so he claimed, in Beer.

R. S. Gwynn

Traducción de Pura López Colomé

Bolsas para cadáveres

I

Y ahora, hablemos de Dwayne Coburn, pequeño
Y mezquino, cuya única gracia
Era la de robar—ya fuera una base de beis
O algo en los vestidores del equipo,
Siempre le daba igual. La venta de golosinas del Pep Club,
Sin embargo, fue la gota que derramó el vaso. Lo mantuvieron
Brevemente en varios cargos, luego lo echaron
Y le dieron la última oportunidad: el ejército o la cárcel.

Terminó la elemental en Bragg y volvió a casa
Gracias a la licencia navideña, mas su reasignación
Trajo consigo un premio en la mochila que creía único
Y que se disparó prematuramente la víspera de Año Nuevo.
El estudiantado recibió la bandera doblada
Y la izó en su memoria durante una semana.

II

Los buenos defensas eran escasos en el equipo de fut americano de la prepa.
Los que cumplían con el peso normalmente eran igual de lentos
Que un camión de carga. Un salvaje sometido a trabajos forzados,
No obstante, como Dennis "Wampus" Peterson, podía arrastrar
El cabús como nadie hasta el extremo derecho para que yo me escabullera
Tras su bloqueo. Jugó fut estudiantil todo un año
Con la playera roja hasta que le arrebataron la beca
Porque su especialidad, según presumía, era la Cerveza.

I saw him one last time. He'd added weight
Around the neck, used words like "grunt" and "slope,"
And said he'd swap his Harley and his dope
And both balls for a 4-F[1] like mine.
This happened in the spring of '68.
He hanged himself in 1969.

III
Jay Swinney did a great Roy Orbison
Impersonation once at Lyn Rock Park,
Lip-synching to "It's Over" in his dark
Glasses beside the jukebox. He was one
Who'd want no better for an epitaph
Than he was good with girls and charmed them by
Opening his billfold to a photograph:
Big brother. The Marine. Who didn't die.

He comes to mind, years from that summer night,
In class for no good reason while I talk
About Thoreau's remark that one injustice
Makes prisoners of us all. The piece of chalk
Splinters and flakes in fragments as I write,
To settle in the tray, where all the dust is.

---

1. A medical deferment from the draft.

Lo vi una sola vez más. Había engordado y se le notaba
En la zona del cuello, empleaba palabras como "raso" y "sesgado",
Y decía que a cambio de una rodilla 4-F[1] como la mía
Me daría su Harley, su mota y sus huevos.
Esto ocurrió en la primavera del '68.
Se ahorcó en 1969.

III

Una vez, Jay Swinney hizo una imitación increíble
De Roy Orbison en Lyn Rock Park,
Haciendo como que cantaba "It's Over"
Con lentes oscuros junto a la rocola. Era un tipo
Que como único epitafio deseaba:
"Tuvo éxito con las muchachas y las seducía
Abriendo su cartera para mostrar una fotografía:
Hermano mayor *Marine* no murió."

Viene a mi memoria, años después de aquella noche de verano,
En clase, sin motivo que lo justifique, mientras discurro
Acerca de la cita de Thoreau de que una injusticia
Nos hace prisioneros a todos. El pedazo de gis
Se hace añicos y vuela en fragmentos conforme escribo,
Para asentarse en el borde del pizarrón, junto con todo el polvo.

---

1. Justificante médico para evitar el reclutamiento.

The Drive-In

Under the neon sign he stands,
My father, tickets in his hands.
Now it is my turn; all the while
Knee-deep in stubs he tries to smile,
Crying, "You'll love it. Slapstick. Fights.
One dollar, please. Please dim your lights."
I pay and enter. Mother waits
In a black truck with dangling plates
And snag-toothed grillwork idling there
On the front row. She combs her hair
And calls for me to take my place.
The moon-lights dying on her face,
She lights another cigarette
And starts to sing the alphabet.
Quickly, I turn the speaker on:
The soundtrack is a steady drone
Of snoring. With his pockets full
My father gathers up his wool,
His pink tongue rolling up and down.
A wolf, dainty in hat and gown,
Appears, sneaking across the screen
Above my father. Then the scene
Expands to show a flock of sheep.
The wolf is drooling; in his sleep
My father smiles, my mother sighs,
And dabbing gently at her eyes
She goes across to sniff his breath.
A shepherd clubs the wolf to death,
The sheep dance lightly in the sun,
And now the feature has begun:
Union Pacific is its name.
I know it, know it frame by frame,
The tyranny of separation,

El autocínema

De pie bajo el anuncio de neón,
Mi padre, con los boletos en la mano.
Me toca a mí; todo el tiempo
Con las piernas enterradas en boletos cortados, trata de sonreír,
Gritando: "Te va a encantar. Payasadas. Peleas.
Un dólar, por favor. Por favor, baje sus luces".
Pago y entro. Mamá espera
En una camioneta negra con las placas colgando
Y la parrilla con dientes rotos, haciendo tiempo ahí
En la hilera de adelante. Mientras se peina,
Me llama para que ocupe mi lugar.
Con la luz de la luna desvaneciéndosele en la cara,
Enciende otro cigarro
Y comienza a cantar el abecedario.
Rápidamente enciendo la bocina:
La banda sonora es el constante sonsonete
De un ronquido. Con los bolsillos llenos
Mi padre se sube la cobija,
La lengua rosada se le enrosca para arriba y para abajo.
Un lobo elegante, con sombrero y traje,
Aparece, se escabulle a través de la pantalla
Por encima de mi padre. Luego la escena
Se expande para mostrar un rebaño de borregos.
Al lobo se le hace agua la boca; entre sueños
Mi padre sonríe, mi madre suspira,
Y tocándose los ojos ligeramente
Se atraviesa para olisquearle el aliento.
Un pastor mata al lobo a garrotazos,
Los borregos bailan grácilmente bajo el sol,
Y ahora comienza la presentación:
El título es *Union Pacific*.
La conozco de cabo a rabo,
La tiranía de la separación,

The lack of all communication
From shore to shore, the struggle through
Smashed chairs and bottles toward the true
Connection of a spike of gold.
I fall asleep. The night is cold.
And waking to the seat's chill touch
I hear the last car's slipping clutch,
As on the glass a veil of frost
obscures this childhood I have lost.
The show is over. Time descends.
And no one tells me how it ends.

La falta absoluta de comunicación
De costa a costa, la lucha por entre
Sillas despedazadas y botellas que aspiran
A la verdadera conexión de una estaca de oro.[1]
Me quedo dormido. Hace frío esa noche.
Despierto al contacto con el escalofrío del asiento
Y escucho el embrague del último coche que se escabulle
Igual que, sobre la ventana, un velo de escarcha
Oscurece esta niñez que he perdido.
Fin del espectáculo. El tiempo desciende.
Y nadie me dice en qué termina.

---

1. La estaca con que se unieron las principales líneas ferroviarias en 1869.

Wendy Rose

(n. 1948)

Robert

I am death, the destroyer of worlds.... The physicists have
known sin and this is a knowledge they cannot lose.
                                        —*J. Robert Oppenheimer, 1945*

the lines of your arteries
begin to glow   making maps
finger follows afraid &
firm   pale like the alamagordo sky
the white lizards in the sand

are you humming or is it
a wayward insect or the tremble
of your deepest bones. los alamos
trinity   alamagordo   (frail robert)
jornada del muerto   you crouch
in the bunker   hands to your eyes
your light gray business suit   porkpie hat
loosened tie   speaking to
transparent friends or to no one
in particular
it's amazing
how the tools, the technology
trap one
& you are amazed at the welts
so wide on your wrists, those chains
enormous from your belt.

Wendy Rose

Traducción de Pura López Colomé

Robert

Soy la muerte, destructora de los mundos.... Los físicos conocen el pecado y traen cincelado tal conocimiento.

—J. Robert Oppenheimer, 1945

las líneas de tus arterias
comienzan a resplandecer   hacen mapas
el dedo sigue temeroso y
firme   pálido como el cielo de alamogordo
las blancas lagartijas en la arena

estás tarareando o es acaso
un insecto díscolo o el temblor
de tus huesos más profundos. los álamos
trinity   alamogordo   (frágil robert)
jornada del muerto   te agazapas
en el bunker   con las manos sobre los ojos
tu traje gris claro de trabajo   sombrero de ala ancha
la corbata floja   hablando
con amigos transparentes o con nadie
en particular
es asombroso
cómo las herramientas, la tecnología
lo atrapan a uno
y te asombran los moretones
enormes que tienes en las muñecas, esas cadenas
tan grandes en tu cinturón.

not even your wife was awake
morning pivot of your life
the radio groaned   you twisted
the knob feeling for
an end to feeling   but the voice
said anyway how your kids went screaming
from the crotch of the plane
mouth-first onto play yard & roof top
& garden & temple, onto hair & flesh
onto steel & clay   leaving you
leaving you   leaving you
your own fingerprints   in the ashes
your vomit   your tears

Grandmother Rattler

who coils in my bones,
what were you thinking
that summer night
when you found the warm road
on the edge of the canyon
and stopped just there
exactly at the center
where the pickups and cars
and evening walkers would see
your spiral upon spiral,
hear the singing voice
of your tail,
see your black head
rising?

ni siquiera tu esposa estaba despierta
pivote mañanero de tu vida
el radio gruñía   diste vuelta
a la perilla tratando
de dejar de sentir   pero la voz
dijo y qué   tus hijos se fueron gritando

desde el coño del avión
primero la boca de ahí al patio de juegos y al tejado
y al jardín y al templo, de ahí al cabello y a la carne
de ahí al acero y al barro   dejándote
dejándote   dejándote
tus propias huellas dactilares   entre las cenizas
tu vómito   tus lágrimas

Abuela de cascabel

que te me enroscas en los huesos,
¿en qué pensabas
aquella noche de verano
cuando llegaste al camino cálido
a la orilla del cañón
y te detuviste justo ahí
exactamente en el centro
donde las pickups y los coches
y los paseantes vespertinos pudieran ver
una espiral sobre otra,
escuchar la voz cantante
de tu cola,
ver tu cabeza negra
elevándose?

When I stopped my car
and walked up to you,
arms spread and hands open,
why didn't you move?
Why didn't you slide down the stones
among the white oaks
and single tall stems
of soaproot?

When those white people stopped,
leaned out of their truck,
whistled and hooted,
did you not recognize Owl among them
calling to me over and over,
"Kill it! Kill it!"   I would not, of course,
but still you would not move
even to save your life
but sang all the louder,
your body quaking
with rage.

Then the woman came out
of her house just there,
saw you, ran back,
picked up the heaviest shovel
she could find, pushed her way past
where I tried to shield you,
and said she would kill you
if I would not,
said she had horses down the hill
that might get bit, or she might die
if you were allowed
to live out the night.

Cuando apagué el motor
y fui caminando hasta ti,
con los brazos abiertos y las manos también,
¿por qué no te moviste?
¿Por qué no te deslizaste entre las piedras,
entre los robles blancos
y altos tallos
de la saponaria?

Cuando toda esa gente blanca se detuvo,
se asomó desde su camioneta,
chifló y dio de gritos,
¿acaso no reconociste a Búho entre ellos
diciéndome a voz en cuello una y otra vez:
¡Mátala! ¡Mátala!?   Yo no quería, por supuesto,
pero de todos modos tú no querías moverte
ni siquiera para salvar la vida
sino que te pusiste a sisear más alto todavía,
el cuerpo te temblaba
de rabia.

Luego esa mujer salió
de su casa justo ahí,
te vio, regresó corriendo,
cogió la pala más pesada
que encontró, se abrió paso a empujones
hasta llegar adonde yo trataba de escudarte,
y dijo que te mataría
si yo no lo hacía primero,
dijo que tenía caballos allá en el monte
a los que podías picar, o ella misma podría morir
si te permitíamos
sobrevivir aquella noche.

O Grandmother.
What did I become?
The German mother who closed her ears
to the sound of neighbors
as they choked and burned?
Uniformed boy in a silver room,
his finger hovering over one small button
to kill thousands he will never see,
elders and infants he will only know
by the magic devil word "enemy"?
I know only this.
I took the shovel
wanting to spare you a death
at their hands, brought it down edgewise
on your soft red neck, cleanly sliced
the head from the body,
felt a shadow pass
over my womb.

Ever since
there is a dream
where opals outline
the shape of diamonds
on my back.
My mouth opens
and your high
whistling hum
bleeds out;
my tongue
licks the air.

Ay, Abuela.
¿En qué me transformé?
¿En la madre alemana que se tapó los oídos
ante el sonido de la quemazón y la asfixia
de sus vecinos?
¿En el muchacho uniformado en un cuarto plateado,
con el dedo vacilando sobre un pequeño botón
que mataría a miles que jamás vería,
ancianos y niños que sólo identificaría
con la diabólica palabra mágica "enemigo"?
Sólo sé
que tomé la pala entre mis manos
queriendo evitarte la muerte
a manos suyas, la coloqué de lado
sobre tu suave cuello rojo, nítidamente rebané
la cabeza del cuerpo,
sentí que una sombra me atravesaba
el vientre.

Desde entonces
tengo un sueño
en el cual los ópalos delinean
los contornos de los diamantes
sobre mi espalda.
Abro la boca
y tu agudo
silbido
se desangra;
mi lengua
relame el aire.

Timothy Steele

(n. 1948)

An Aubade

As she is showering, I wake to see
A shine of earrings on the bedside stand,
A single yellow sheet which, over me,
Has folds as intricate as drapery
In paintings from some fine old master's hand.

The pillow which, in dozing, I embraced
Retains the salty sweetness of her skin;
I sense her smooth back, buttocks, belly, waist,
The leggy warmth which spread and gently laced
Around my legs and loins, and drew me in.

I stretch and curl about a bit and hear her
Singing among the water's hiss and race.
Gradually the early light makes clearer
The perfume bottles by the dresser's mirror,
The silver flashlight, standing on its face,

Which shares the corner of the dresser with
An ivy spilling tendrils from a cup.
And so content am I, I can forgive
Pleasure for being brief and fugitive.
I'll stretch some more, but postpone getting up

Timothy Steele

Traducción de Pura López Colomé

Alborada

Mientras ella está en la regadera, me despierto y veo
El fulgor de unos aretes en el buró,
Una sola sábana amarilla cuyos pliegues, encima de mí,
Parecen tan intrincados como los cortinajes
De las pinturas al óleo de algún viejo maestro.

La almohada que abracé al dormir
Retiene la salada dulzura de su piel;
Siento su espalda suave, sus nalgas, su vientre, su cintura,
La calidez de las piernas esparcidas y gentilmente enlazadas
En torno a mis piernas y torso, para darme entrada.

Me estiro y enrosco un poco y la escucho
Cantar bajo el siseo del agua en carrera.
Gradualmente la luz tempranera va aclarando
Las botellas de perfume junto al espejo del tocador,
El rayo plateado, erguido sobre su rostro,

Que comparte la esquina del tocador
Con una hiedra que derrama zarcillos desde una maceta.
Y estoy tan contento que puedo perdonarle
Al placer que sea tan breve y fugitivo.
Me voy a estirar otro poco, pero pospondré el levantarme

Until she finishes her shower and dries
(Now this and now that foot placed on a chair)
Her fineboned ankles, and her calves and thighs,
The pink full nipples of her breasts, and ties
Her towel up, turban-style, about her hair.

Sapphics Against Anger

Angered, may I be near a glass of water;
May my first impulse be to think of Silence,
Its deities (who are they? do, in fact, they
   Exist? etc.).

May I recall what Aristotle says of
The subject: to give vent to rage is not to
Release it but to be increasingly prone
   To its incursions.

May I imagine being in the Inferno,
Hearing it asked: "Virgilio mio, who's
That sulking with Achilles there?" and hearing
   Virgil say: "Dante,

That fellow, at the slightest provocation,
Slammed phone receivers down, and waved his arms like
A madman. What Attila did to Europe,
   What Genghis Khan did

To Asia, that poor dope did to his marriage."
May I, that is, put learning to good purpose,
Mindful that melancholy is a sin, though
   Stylish at present.

Hasta que ella termine de bañarse y se seque
(Primero éste y luego aquel pie sobre la silla)
Los tobillos de finos huesos, las pantorrillas y los muslos,
Los redondos pezones color de rosa, y se enrede
La toalla, como un turbante, en la cabeza.

Versossáficos contra la furia

Dominado por la furia: que se me conceda estar junto a un vaso de agua;
Que mi primer impulso sea pensar en el Silencio,
Sus deidades (¿quiénes son? ¿acaso existen
            En verdad? etc.).

Que pueda recordar lo que Aristóteles afirma
A este respecto: ventilar la rabia no es
Darle curso, sino ser cada vez más proclive
            A sus incursiones.

Que pueda imaginarme en el Infierno,
Escuchando la pregunta: "Virgilio mío: ¿quién es ese
Resentido que está allá con Aquiles?", y escuchar luego
            A Virgilio responder: "Dante:

Ese tipo, a la menor provocación
Azotaba auriculares telefónicos, y agitaba los brazos
Como un loco. Lo que Atila le hizo a Europa,
            Lo que Genghis Khan le hizo

Al Asia, ese pobre tonto se lo hizo a su matrimonio."
Que pueda, es decir, aplicar el conocimiento a una buena causa,
Consciente de que la melancolía es un pecado, aunque
            Muy de moda hoy en día

Better than rage is the post-dinner quiet,
The sink's warm turbulence, the streaming platters,
The suds rehearsing down the drain in spirals
      In the last rinsing.

For what is, after all, the good life save that
Conducted thoughtfully, and what is passion
If not the holiest of powers, sustaining
      Only if mastered.

Mejor que la rabia es la quietud posterior a la cena,
La turbulencia cálida del fregadero, los platos escurriendo,
La espuma ensayando por la coladera en espirales
         Durante el último enjuague.

Pues qué es, después de todo, la buena vida sino eso
Conducido a profundidad, y qué es la pasión
Sino el más sagrado de los poderes, que se sostiene
         Sólo al perfeccionarse.

Lynn Emanuel

(n. 1949)

Frying Trout while Drunk

Mother is drinking to forget a man
Who could fill the woods with invitations:
Come with me he whispered and she went
In his Nash Rambler, its dash
Where her knees turned green
In the radium dials of the '50s.
When I drink it is always 1953,
Bacon wilting in the pan on Cook Street
And mother, wrist deep in red water,
Laying a trail from the sink
To a glass of gin and back.
She is a beautiful, unlucky woman
In love with a man of lechery so solid
You could build a table on it
And when you did the blues would come to visit.
I remember all of us awkwardly at dinner,
The dark slung across the porch,
And then mother's dress falling to the floor,
Buttons ticking like seeds spit on a plate.
When I drink I am too much like her—
The knife in one hand and in the other
The trout with a belly white as my wrist.
I have loved you all my life
She told him and it was true
In the same way that all her life
She drank, dedicated to the act itself,

Lynn Emanuel

Traducción de Pura López Colomé

Trucha frita y borrachera

Mi madre está bebiendo para olvidar a un hombre
Que podría llenar los bosques de invitaciones:
Ven conmigo, le susurró, y ella se subió
A su Nash Rambler de los '50:
Contra su tablero, las rodillas se le ponían verdes
Por la luz de los botones del radio.
Cuando bebo siempre es 1953,
El tocino se está secando en la sartén en la calle Cook
Y mamá, con las manos hasta las muñecas en el agua roja,
Deja su rastro desde el fregadero
Hasta el vaso de ginebra y de regreso.
Es una bella, desafortunada mujer
Enamorada de un hombre de un libertinaje tan sólido
Que se le podría construir una mesa encima
Y al hacerlo la melancolía llegaría de visita.
Nos recuerdo a todos cenando burdamente,
La oscuridad colgada a lo largo del porche,
Y luego el vestido de mamá cayendo al suelo;
Sus botones, como semillas escupidas en un plato.
Cuando bebo me parezco demasiado a ella:
Con el cuchillo en una mano y en la otra
La trucha, cuya panza es tan blanca como mi muñeca.
Te he querido toda mi vida
Le dijo a él y era verdad
De la misma manera que toda su vida
Ella bebió con dedicación,

She stood at this stove
And with the care of the very drunk
Handed him the plate.

The Sleeping

I have imagined all this:
In 1940 my parents were in love
And living in the loft on West 10th
Above Mark Rothko who painted cabbage roses
On their bedroom walls the night they got married.

I can guess why he did it.
My mother's hair was the color of yellow apples
And she wore a velvet hat with her pajamas.

I was not born yet. I was remote as starlight.
It is hard for me to imagine that
My parents made love in a roomful of roses
And I wasn't there.

But now I am. My mother is blushing.
This is the wonderful thing about art.
It can bring back the dead. It can wake the sleeping
As it might have late that night
When my father and mother made love above Rothko
Who lay in the dark thinking *Roses, Roses, Roses*.

De pie junto a esta estufa,
Y con la delicadeza de un borracho
Le pasaba el plato.

Los que duermen

Me he imaginado todo esto:
En 1940 mis padres estaban enamorados
Y vivían en el piso de West 10th
Arriba de Mark Rothko, que pintaba rosas
En las paredes de su recámara la noche que se casaron.

Me es fácil adivinar por qué lo hizo.
El cabello de mi madre era del color de los perones maduros
Y usaba un sombrero de terciopelo junto con la pijama.

Yo todavía no había nacido. Era tan remoto como la luz de una estrella.
Me cuesta trabajo imaginar que mis padres
Hicieran el amor en un cuarto lleno de rosas
Sin mí. Yo no estaba.

Pero ahora sí. Mi madre se sonroja.
Es lo maravilloso del arte.
Puede resucitar a los muertos. Puede despertar a los que duermen
Tal como quizás lo hizo aquella noche ya muy tarde,
Cuando mi padre y mi madre hicieron el amor arriba de Rothko
Quien permanecía acostado en la oscuridad pensando *Rosas, Rosas, Rosas.*

David St. John

(n. 1949)

My Tea with Madame Descartes

She'd said let's have tea
Because she believed I was English; she meant,
     Of course, not tea but her usual sequence
Of afternoon aperitifs, in slender glasses the length
     Of a finger, and only slightly wider.
         We met near the Odéon because, she said,
For her, all the cafés in Montparnasse were haunted still;
     Just like, she added, the old days with S——.
I'd spent the morning looking through the file drawers
     Of the *Herald Tribune*, leafing through early reviews
         Of Madame's stage days, then dozens of articles
About her books of photographs, her memoirs, the late novel
     That embarrassed several continents. Here and there,
I'd run across a few glossy photos of Madame herself
     Thrown into the file, always with yet
Another notable lovestruck admirer at her slender, bare elbow.
     When I walked in, still a little blinded by
The September sunlight, I didn't notice her at first, tucked
     Along the far wall, a leisurely veil
Of cigarette smoke steadily latticing the air before her;
     Then I caught her unmistakable reflection
In one of the square mirrored pillars, those regal cheekbones,
     The nearly opaque, sea-blue eyes
That'd commandeered both men and newspapers for forty years,
         Simply lifting to meet mine...
As I introduced myself, my apologies for my late arrival

David St. John

Traducción de Pura López Colomé

Té con Madame Descartes

Ella había dicho tomemos el té
Porque me creía inglés; en realidad
Se refería no al té sino a su acostumbrada serie
De aperitivos al mediodía, en vasos espigados de un dedo
De alto, y sólo un poco más anchos.
Nos encontramos cerca del Odéon porque, según decía,
Para ella todos los cafés de Montparnasse aún estaban embrujados;
Justo como, según agregaba, en aquellos días con S......
Yo me había pasado la mañana revisando los cajones del archivero
Del *Herald Tribune*, hojeando antiguas reseñas
De los días de gloria de Madame, montones de artículos
Acerca de sus libros de fotografías, sus memorias, la novela tardía
Que ruborizó a varios continentes. Por aquí y por allá
Me topé con unas cuantas fotos brillantes de Madame en persona
Arrojadas al archivero, siempre con un notable
Y encandilado admirador junto a su codo esbelto, desnudo.
Cuando entré, aún deslumbrado por
La luz del sol de septiembre, no la identifiqué de inmediato, oculta
Junto a la pared, al fondo, con un holgado velo
De humo de cigarro que constantemente cuadriculaba el aire frente a ella;
Después me atrapó su inconfundible reflejo
En uno de los pilares cuadrados y reflejantes, esos pómulos regios,
Los ojos de un azul marino casi opaco
Que sometieron tanto a hombres como a periódicos durante cuarenta años
Simplemente se alzaron para encontrarse con los míos...
Conforme me presentaba, y mis disculpas por llegar tarde

Waved away like so much smoke,
I noticed that the silver of her hair was laced
With an astonishing gold, like those threads woven so deftly
Throughout a tapestry to trap the light;
In that dim café, the gold fired as delicately as filaments
Of beaten leaf in a Byzantine mosaic. Beneath her
Quite carefully constructed mask,
The islands of rouge mapping soft slopes of powder,
Beneath the precise calm she'd expertly painted for herself
Before the mirror, I could see
Why scandal had tattooed even the air she'd
Walked through. I'd never seen a beauty like hers, riveting
As the Unicorn's
Soft eye. There's so much we name as beautiful
Simply to dismiss it, cage it, desire then dispense with it—
Yet her beauty was singular,
Volcanic, viscous…as inevitable as lava moving slowly
Toward you. Even those few lines in her face
Seemed as delicate as those left by a leaf's edge, drawn by
A child through the sand. Her beauty
Was so close to a vengeance—one exacted by the world
Upon those of us so ordinary, so weak, we can barely
Admit its existence. So I just sat there, a notebook
At hand; I took out my micro pocket recorder, placing it
Between us. She lit up a filtered Gitane;
Then she began: "I suppose I think the War years
Were the worst, always seeing some of one's
Old friends in swank restaurants lifting glasses
To the Germans at adjoining tables, while the others
Had all disappeared into the Underground. At times, it was
So hard to know who still
Might be alive. After the war, I took several lovers;
Then, the fatigue set in. I married a sweet but stupid man,
A lawyer for Lanvin and Charvet; I slowly

Se iban volando como el humo,
Me percaté de que su plateada cabellera poseía también el encaje
De un asombroso dorado, como hilos entretejidos con maestría
En un tapiz para atrapar la luz;
En aquel café apenas iluminado, el dorado irradiaba tan delicadamente
Como los filamentos de hojas amartilladas de un mosaico bizantino.
Debajo de aquella máscara bastante bien construida,
Las islas de colorete delineaban suaves laderas de polvo;
Debajo de la calma que se había pintado con la precisión de una experta
Ante el espejo, yo distinguí
Por qué el escándalo había tatuado hasta el aire que ella
atravesaba
Al caminar. Nunca había visto belleza semejante, afianzada
Como el ojo suave
Del Unicornio. Hay tantas cosas que llamamos bellas
Simplemente para descartarlas, enjaularlas, desearlas y luego prescindir de ellas…
Y sin embargo su belleza era singular,
Volcánica, viscosa…tan inevitable como la lava que lentamente se desliza
Hacia uno. Incluso esas pocas líneas en su rostro
Parecían tan delicadas como las que deja el borde de una hoja, dibujada por
Un niño entre la arena. Su belleza
Era parecida a una venganza, del tipo que ejerce el mundo
Sobre aquellos que somos tan ordinarios, tan débiles, que apenas si podemos
Admitir su existencia. Así que sólo ahí permanecí sentado, libreta
En mano; saqué mi grabadora miniatura de bolsillo, y la coloqué entre los dos.
Ella encendió un Gitane con filtro
Y comenzó: "Bueno, creo que los años de la Guerra
Fueron los peores, siempre viendo a alguno
De los viejos amigos en ostentosos restaurantes con la copa en alto
Brindando con los alemanes de las mesas de junto, mientras los demás
Se habían unido a la Resistencia. A veces era tan difícil
Saber quién podría aún encontrarse
Con vida. Después de la guerra, tuve varios amantes;
Luego, la fatiga se instaló a sus anchas. Me casé con un hombre dulce pero tonto,
Abogado de Lanvin y Charvet; poco a poco

Went mad, truly mad, living that way—
                              But getting out was almost accidental.
One fall, my friend Lee Miller happened to pass through Paris;
              In the old days, I'd modeled nude for her crowd—
                        'Dusting off the lazy angels'
We called the parties we threw then. That visit, Lee
              Gave me an old Rolliflex she'd outgrown,
                        And I thought, one day, flipping through those
Old pieces of hers from *Vogue* and *Life*, I'd like
              To do that! About this time, my dull husband decided
We'd visit his brother, a sniffy diplomat off rotting
              In Saigon. So, I packed my Rolliflex, knowing
              That was that; when my husband went back to Paris,
I kissed him goodbye and took the train to Tibet—Lhasa—
                        Then on to Bangkok, Argentina, Chile…
Just everywhere. The whole while, I was learning
                        What the lens of my eye meant in the world.
I began to keep some journals too; slowly, I acquired
              What's politely called *a kind of reputation*. Then,
I could get in anywhere—the refugee camps, prisons, anywhere!
                        Nobody would say *no* to me, the woman
              With the famous eye, 'that daunting feminine aperture'
One pig of an editor called it. You know, the only photos
                        People remember are the most
              Grotesque: the young African shepherd girl, hanging
By a loop of barbed wire; that charred carapace of a soldier's
              Corpse, stretched out over the white coals
                        Of St. Lawrence's faithful grill…
Those heads of Buddhist monks nodding on a row of bamboo spikes.
              Do you need more? I'm tired. Thank God that, in Saigon,
I threw caution right out along the winds;
                        For such an illogical woman

Me fui volviendo loca, verdaderamente loca, por vivir así...
Pero salir de esto fue casi accidental.
Un otoño de tantos, mi amiga Lee Miller casualmente pasó por París;
En otros tiempos, yo había modelado desnuda para su gente:
"Desempolvar a los ángeles perezosos":
Así llamábamos a las fiestas de entonces. Durante aquella visita, Lee
Me dio una vieja Rolliflex que ya no necesitaba,
Y yo pensé, mientras echaba un ojo a sus antiguos ejemplares
De *Vogue* y *Life*: un buen día,
¡Es esto lo que me gustaría hacer! Por entonces, mi aburrido esposo
decidió
Que visitáramos a su hermano, un diplomático altivo que se estaba pudriendo
En Saigón. Así que empaqué mi Rolliflex, a sabiendas
De que significaba un punto final; cuando mi esposo volvió a París,
Le di un beso de despedida y tomé el tren rumbo al Tibet—Lhasa—
Y de ahí a Bangkok, Argentina, Chile...
A todos lados. Y todo el tiempo, seguía aprendiendo
Lo que la lente de mi ojo significaría en el mundo.
Comencé a llevar un diario; lentamente, fui adquiriendo
Lo que la cortesía conoce como *una cierta reputación*. Luego,
Podía entrar a cualquier parte: campos de refugiados, cárceles, ¡cualquier parte!
Nadie me podía decir que *no*, la mujer
Con el famoso ojo, "esa intimidante apertura femenina",
Según la llamaba un cerdo editor. ¿Sabe Usted? Las únicas fotos
Que la gente recuerda son las más
Grotescas: la joven pastorcilla africana, colgada
De un alambre de púas; aquel chamuscado carapacho del cadáver
De un soldado, estirado sobre las brasas blancas
De la piadosa parrilla de San Lorenzo...
Aquellas cabezas de monjes budistas inclinadas sobre una hilera de picos
de bambú.
¿Qué más quiere Usted? Estoy fatigada. Gracias a Dios, en
Saigón,
Arrojé mis penas a los cuatro vientos;
Para una mujer tan ilógica

I suppose that's the last 'logical' thing I've ever done.
   And now," she said, "put your notebook down; I've
     Decided to take your picture."
Out of her purse, she pulled a spy-sized Minox, the kind
   With a drawbridge lens. As the tiny camera unfolded,
     The eye of its castle widening slowly
Before her consoling wink, I simply sat back, trying somehow
   To smile, to look worldly, desirable, nonchalant—
My hands so self-consciously gripping the small café table
     Which Madame had so easily turned.

Supongo que ésa fue la última cosa "lógica" que hice en la vida.

"Y ahora—dijo—, asiente su libreta, porque

Le voy a tomar una foto."

Sacó de su bolsa una Minox tamaño espía, del tipo

Que tiene una lente de puente levadizo. Conforme la pequeña cámara se

Desplegaba, y el ojo de su castillo se iba ampliando poco

a poco

Ante su consolador parpadeo, yo simplemente me enderecé, intentando sonreír

De algún modo, intentando verme mundano, deseable,

despreocupado…

Mientras tímidamente me agarraba de aquella mesita del café

Ante el juego que Madame tan fácilmente había cambiado.

Julia Álvarez

(n. 1950)

From "33"

HE: Age doesn't matter when you're both in love!
SHE: You say that now, wait till you've had enough.
HE: I love for keeps. I'll never let you down.
SHE: You lie, my dear, you'll lay me in the ground.
HE: Statistics say I'll probably die first.
SHE: Statistics say most couples get divorced.
HE: Better to love and lose than not at all.
SHE: Better to read the writing on the wall!
HE: You go by loss, you might as well not live.
SHE: Or live, single, and psychoanalyzed.
HE: It breaks my heart to hear you talk that way.
SHE: (Boy in her arms, wiping his tears away,
prescribes the cure for existential ache)
Come in, my sweet, and have some birthday cake.

How I Learned to Sweep

My mother never taught me sweeping....
One afternoon she found me watching
t.v. She eyed the dusty floor
boldly, and put a broom before
me, and said she'd like to be able
to eat her dinner off that table,

Julia Álvarez

Traducción de Pura López Colomé

De 33

ÉL: ¡La edad no importa si los dos están enamorados!

ELLA: Eso dices ahora, espera a que te hayas hartado.

ÉL: Mi amor es para siempre. No te voy a decepcionar.

ELLA: Mientes, querido, seguramente me vas a enterrar.

ÉL: Probablemente yo moriré primero, según las estadísticas.

ELLA: La mayoría de las parejas se divorcia, según las estadísticas.

ÉL: Mejor amar y perder, que no haber amado.

ELLA: ¡Mejor de espantos quedar curado!

ÉL: Si por la pérdida te riges, mejor ya ni vivas.

ELLA: O mejor soltera y psicoanalizada, pero viva.

ÉL: Me parte el corazón oírte hablar de esa manera.

ELLA: (Con el muchacho entre los brazos, le da la receta
contra el dolor existencial, limpiándole las lágrimas con un paño)
Pasa, mi bien, date gusto con este pastel de cumpleaños.

Cómo aprendí a barrer

Mi madre nunca me enseñó a barrer...
Una tarde me sorprendió viendo
la tele. Echó un vistazo al suelo polvoriento
con cierto atrevimiento, me puso una escoba
enfrente y dijo, antes de partir, que le gustaría
poder cenar sobre esa mesa,

and nodded at my feet, then left.
I knew right off what she expected
and went at it. I stepped and swept;
the t.v. blared the news; I kept
my mind on what I had to do,
until in minutes, I was through.
Her floor was as immaculate
as a just-washed dinner plate.
I waited for her to return
and turned to watch the President,
live from the White House, talk of war:
in the Far East our soldiers were
landing in their helicopters
into jungles their propellers
swept like weeds seen underwater
while perplexing shots were fired
from those beautiful green gardens
into which these dragonflies
filled with little men descended.
I got up and swept again
as they fell out of the sky.
I swept all the harder when
I watched a dozen of them die...
as if their dust fell through the screen
upon the floor I had just cleaned.
She came back and turned the dial;
the screen went dark. *That's beautiful,*
she said, and ran her clean hand through
my hair, and on, over the window-
sill, coffee table, rocker, desk,
and held it up—I held my breath—
That's beautiful, she said, impressed,
she hadn't found a speck of death.

con la pupila fija junto a mis pies.
Supe de inmediato lo que esperaba
y puse manos a la obra. Mientras yo estaba barre
que te barre, la tele gritaba las noticias; me concentré
en lo que tenía que hacer,
y minutos después san se acabó.
Su piso quedó tan inmaculado
como un plato recién lavado.
Mientras esperaba su regreso,
me puse a ver al Presidente,
en vivo desde la Casa Blanca, hablar acerca de la guerra:
en el Lejano Oriente nuestros soldados
aterrizaban en sus helicópteros
en selvas que sus aspas barrían
como hierbas vistas bajo el agua
mientras confusos disparos emergían
de aquellos hermosos jardines verdes
sobre los que descendían estas libélulas
llenas de hombrecillos.
Me levanté y volví a barrer
conforme iban cayendo del cielo.
Empecé a barrer más fuerte cuando
vi morir a un montón de ellos…
como si su polvo cayera a través de la pantalla
sobre aquel piso que acababa de limpiar.
Mi madre regresó y apagó el aparato;
la pantalla se oscureció. *Qué maravilla,*
dijo, y pasó la mano limpia por
mi cabello, y después por la ventana,
por el pretil, la mesita, la mecedora, el escritorio
y la mantuvo en el aire—yo aguanté la respiración—.
Qué maravilla, dijo, impresionada:
ni una brizna de muerte.

Sarah Cortez

(n. 1950)

Tu Negrito

She's got to bail me out,
he says into the phone outside the holding cell.
She's going there tomorrow anyway for Mikey.
Tell her she's got to do this for me.

He says into the phone outside the holding cell,
Make sure she listens. Make her feel guilty, man.
Tell her she's got to do this for me.
She can have all my money, man.

Make sure she listens. Make her feel guilty, man.
Tell her she didn't bail me out the other times.
She can have all my money, man.
She always bails out Mikey.

Tell her she didn't bail me out the other times.
I don't got no one else to call, cousin.
She always bails out Mikey.
Make sure you write all this down, cousin.

I don't got no one else to call, cousin.
I really need her now.
Make sure you write all this down, cousin.
Page her. Put in code 333. That's me.

Sarah Cortez

Traducción de Pura López Colomé

Tu negrito

Tiene que pagarme la fianza
—Dice por teléfono afuera de la celda.
De todos modos ella va para allá, por Mikey.
Dile que tiene que hacerlo por mí.

Dice por teléfono afuera de la celda:
Que te escuche. Haz que se sienta culpable, mano.
Dile que tiene que hacerlo por mí.
Se puede quedar con todo mi dinero, mano.

Que te escuche. Haz que se sienta culpable, mano.
Dile que no me ha pagado la fianza otras veces.
Se puede quedar con todo mi dinero, mano.
A Mikey siempre le paga la fianza.

Dile que no me ha pagado la fianza otras veces.
No tengo a quién hablarle aparte, primo.
A Mikey siempre le paga la fianza.
Pon todo esto por escrito, primo.

No tengo a quién más hablarle, primo.
Ahora sí que la necesito.
Pon todo esto por escrito, primo.
Localízala. Usa la clave 333. Es la mía.

I really need her now.
Write down "Mommie." Change it from "Mom."
Page her. Put in code 333. That's me.
Write down *Tu Negrito.* Tell her I love her.

Write down "Mommie." Change it from "Mom."
I'm her littlest. Remind her.
Write down *Tu Negrito.* Tell her I love her.
She's got to bail me out.

Undressing a Cop

Do it first in your mind.
Many times. Linger over
details. Eye each piece
of shiny metal, thick black
leather, muscled bicep. Take

control when you start. Your
sure fingers will unhook
the square silver buckle
in front and listen to breath
change. You will unsnap keepers. Lower

gun belt to the floor while
unzipping Regulation trousers.
Before reaching inside, undo the
shirt's top button, unzip the front
flap hiding the chest. Kiss

Ahora sí que la necesito.
Escribe "Mami", en vez de "Ma".
Localízala. Usa la clave 333. Es la mía.
Escribe "*Tu Negrito*". Dile que la quiero.

Escribe "Mami", en vez de "Ma".
Soy su chiquito. Recuérdaselo.
Escribe "*Tu Negrito*". Dile que la quiero.
Tiene que pagarme la fianza.

Instrucciones para desvestir a un tira

Primero hazlo mentalmente.
Muchas veces. Demórate
en los detalles. Clava la vista en cada parte
de brillante metal, de cuero grueso y negro,
en los bíceps musculosos. Toma

las riendas desde un principio.
Tus dedos seguros desabrocharán
la cuadrada hebilla de plata
al frente y escucharán el cambio
en la respiración. Zafarás las presillas. Dejarás caer

la funda de la pistola al suelo al tiempo que
bajas el cierre de los pantalones de rigor.
Antes de llegar a fondo, desabrocha el
primer botón de la camisa, levanta la solapa
que esconde el pecho. Besa

underneath the badge's place. The silver
you've stared at—an engraved star
with blocked numbers that means your lover
may die for the State. Wonder what
it's like to be called by a number. Peel

back the shirt and drop it
on the floor. Pull up a V-necked white
T-shirt and suck the nipples, a surprise
of pink vulnerable flesh, alive, soft,
tender, bringing light into your mouth. Feel

the curve of rounded flesh
against your cheek. Lower your hands.
Tease the wet hardness aching inside
dark navy-blue trousers. Pick
a spot. Decide what you want.
Ride until you come. Don't try

to touch a heart or reach inside
guts. Instead, observe and maintain
the silence, your own backbone
rigid even while loving
and being loved.

debajo de la placa. La plata
que has visto con pupila fija, una estrella grabada
con números enormes que significa que tu amante
acaso muera por la Patria. Quién sabe qué
se sentirá que te identifiquen por un número.

Desliza la camisa por detrás y déjala caer
al suelo. Jala por arriba la camiseta blanca cuello V
y chúpale los pezones, toda una sorpresa
de vulnerable carne color de rosa, viva, suave,
tierna, que te ilumina la boca entera.

Siente la curva de carne redondeada
contra tu mejilla. Ve bajando las manos.
Juguetea con la húmeda dureza que lastima
adentro de los pantalones azul marino.
Elige un punto fijo. Decide qué prefieres.
Cabalga hasta venirte. No intentes

tocar el corazón o llegar al fondo
de las entrañas. En cambio, observa y guarda
silencio, con tu propia columna vertebral
rígida, ya sea cuando estés amando
o cuando te amen.

John Drury

(n. 1950)

Blues in the Nation's Capital

When the blind woman played her slide guitar
       and grumbled, a low moan with words,
I thought it was sad how she begged there, poor
       lady, bandanna on her head,
a mongrel in a broken harness curled
       by the crate she sat on, her checked
skirt nearly covering the wood. She slurred and growled
       and slid a steel bar up the neck.

I tried to place some change in her coin bin
       without making noise, but she stared
and nodded, her fingers stinging the high strings.
       I punched in late at Men's Wear
and stacked packets of shirts in even piles
       of lemon, lavender. The boss
and I took inventory, marked down tags for sales,
       descended to the cave-like warehouse.

       Bored at work, I understood
           nothing she played was sad—
she wasn't begging, she was bragging
with hot coals in her mouth, bending the wires
to her own dark shape, all grace notes and snarls.
       I wondered how she lived, shrugging
I'd never know. But I saw an Army cot,
       a braided rug

John Drury

Traducción de Pura López Colomé

Un blues en la capital de la nación

Cuando la ciega tocaba su requinto
     y gruñía—un gemido bajo con palabras—
pensé que era triste su manera de pedir limosna,
     pobre mujer, con el paliacate en la cabeza,
aquel perro callejero en un arnés roto enroscado junto
     al huacal en que se sentaba, su falda
a cuadros casi abarcaba la madera. Ligaba las notas
     y murmuraba y deslizaba una barra metálica hasta el cuello.

Intenté arrojar algo de cambio a su lata para monedas
     sin hacer ruido, pero clavó la vista
y movió la cabeza, con los dedos jalando las cuerdas agudas.
     Chequé mi tarjeta tarde en el almacén para caballeros
y fui acomodando en montones parejos las camisas
     color limón, lavanda. El jefe
y yo sacamos el inventario, pusimos las etiquetas de rebaja,
     bajamos a la bodega, como a una cueva.

     Aburrido del trabajo, comprendí
          que nada de lo que ella tocaba era triste,
     no pedía limosna, fanfarroneaba
con brasas ardientes en la boca, doblando los alambres
haciéndolos compatibles con su oscura silueta, notas agraciadas y refunfuños.
     Me preguntaba cómo viviría, alzándome de hombros,
reconociendo que nunca lo sabría. Pero sí vi un catre de soldado,
     un petate

where the dog slept, a hot plate,
and an El Producto box with coiled guitar strings
she needled through tuning pegs,
turning until she heard the true pitch ring.

Dirty Poem

Whoever worships cleanliness
dwells in the canton of exclusion,
where the church walls inside are white-washed
and the dogs muzzled, the streets empty
after curfew, where crucifixes
are swaddled in gauze, and only soap
rendered from volcanic ash can scrape
the oils and smears and deep grit of earth.

But down a red stairwell, through curtains of beads,
a singer's nipples glow through lace.
Lovers rub lotions over aching blades.
Coupling, they also love
the delectable mess of sex,
the jolt of voltage, confluence
like the clear and muddy blending
of Potomac and Shenandoah.

Mix thoroughly—the earth tones, earthiness,
pecks of dirt you'll eat before your death,
the earth that hugs you or the flames
that make you wail. O body

donde dormía el perro, un plato caliente,
y una caja de El Producto con cuerdas enroscadas de guitarra,
que ella hacía pasar por las clavijas,
dándoles vuelta hasta escuchar el tono apropiado.

Poema sucio

Todo aquel que venera la limpieza
habita en el cantón de la exclusión,
donde los muros interiores de la iglesia son encalados
y los perros usan bozal, las calles están desiertas
después del toque de queda, donde los crucifijos
están envueltos en vendajes, y sólo el jabón
procedente de ceniza volcánica puede raspar
los aceites y embarrones y arenisca profunda de la tierra.

Pero de bajada por un cubo de escalera, cruzando cortinas de cuentas,
los pezones de una cantante resplandecen tras el encaje.
Los amantes se frotan con lociones encima de
navajas dolientes.
Acoplándose, también aman
el deleitoso revoltijo del sexo,
el salto del voltaje, la confluencia
como la clara y lodosa mezcla
del Potomac y el Shenandoah.

Mezcla a profundidad: los tonos de la tierra, lo terreno,
manchas de mugre que comerás antes de tu muerte,
la tierra que te abraza o las llamas
que te hacen aullar. Ay, cuerpo

of flesh and fluids, O soul that revels there,
       we die for the French kiss of everything.
O pure impurity: the fleck
       of dust at the heart of each snowflake.

de carne y líquidos, Ay, alma que se recrea ahí,
      damos la vida por el beso francés de todo.
Ay, pura impureza: la mancha
      de polvo en el corazón de cada copo de nieve.

Carolyn Forché

(n. 1950)

The Colonel

What you have heard is true. I was in his house. His wife carried a tray of coffee and sugar. His daughter filed her nails, his son went out for the night. There were daily papers, pet dogs, a pistol on the cushion beside him. The moon swung bare on its black cord over the house. On the television was a cop show. It was in English. Broken bottles were embedded in the walls around the house to scoop the kneecaps from a man's legs or cut his hands to lace. On the windows there were gratings like those in liquor stores. We had dinner, rack of lamb, good wine, a gold bell was on the table for calling the maid. The maid brought green mangoes, salt, a type of bread. I was asked how I enjoyed the country. There was a brief commercial in Spanish. His wife took everything away. There was some talk then of how difficult it had become to govern. The parrot said hello on the terrace. The colonel told it to shut up, and pushed himself from the table. My friend said to me with his eyes: say nothing. The colonel returned with a sack used to bring groceries home. He spilled many human ears on the table. They were like dried peach halves. There is no other way to say this. He took one of them in his hands, shook it in our faces, dropped it into a water glass. It came alive there. I am tired of fooling around he said. As for the rights of anyone, tell your people they can go fuck themselves. He swept the ears to the floor with his arm and held the last of his wine in the air. Something for your poetry, no? he said. Some of the ears on the floor caught this scrap of his voice. Some of the ears on the floor were pressed to the ground.

Carolyn Forché

Traducción de Pura López Colomé

El coronel

Lo que se dice es verdad. Estuve en su casa. Su esposa llevaba café y azúcar en una charola. Su hija se limaba las uñas, su hijo salía por la noche. Recibían los periódicos todos los días, tenían perros en casa, una pistola bajo la almohada. La luna colgaba desnuda de su cuerda negra encima de la casa. En la televisión pasaban un programa de policías. Estaba en inglés. Todos los muros que circundaban la casa tenían botellas rotas a manera de alambrado para clavársele en la rodilla o dejarle las manos en tiras a quien quisiera brincárselos. Las ventanas tenían protección como cualquier licorería. Cenamos costillas de cordero, buen vino, y sobre la mesa lucía una campanita de oro para llamar a la sirvienta. La sirvienta nos llevó mangos verdes, sal, pan de un cierto tipo. Me preguntaron si me gustaba el país. Hubo un breve comercial en español. Su esposa recogió todo. Algo se dijo acerca de lo difícil que se había vuelto gobernar. El perico saludaba con un hola desde la terraza. El coronel le ordenó que se callara, y se retiró de la mesa. Mi amigo me dijo con la mirada: no digas nada. El coronel regresó con una bolsa de supermercado. Vació un montón de orejas humanas sobre la mesa. Parecían orejones secos de durazno. No hay otra manera de decirlo. Tomó una de ellas entre sus manos, la agitó delante de nosotros y la dejó caer en un vaso de agua. Ahí fue donde cobró vida. Estoy harto de andar con tonterías, dijo. Y en cuanto a los derechos de cada quien, díganle a su gente que chingue a su madre. Tiró las orejas al suelo con el brazo y alzó su copa con el vino que le quedaba. Algo para su poesía, ¿no?, dijo entonces. Algunas de las orejas en el piso pescaron el hilo de su voz. Algunas de las orejas quedaron pisoteadas sobre el suelo.

For the Stranger

Although you mention Venice
keeping it on your tongue like a fruit pit
and I say yes, perhaps Bucharest, neither of us
really knows. There is only this train
slipping through pastures of snow,
a sleigh reaching down
to touch its buried runners.
We meet on the shaking platform,
the wind's broken teeth sinking into us.
You unwrap your dark bread
and share with me the coffee
sloshing into your gloves.
Telegraph posts chop the winter fields
into white blocks, in each window
the crude painting of a small farm.
We listen to mothers scolding
children in English as if
we do not understand a word of it—
sit still, sit still.

There are few clues as to where
we are: the baled wheat scattered
everywhere like missing coffins.
The distant yellow kitchen lights
wiped with oil.
Everywhere the black dipping wires
stretching messages from one side
of a country to the other.
The men who stand on every border
waving to us.

Wiping ovals of breath from the windows
in order to see ourselves, you touch

Para un extraño

Aunque acabas de mencionar Venecia
manteniéndola en la lengua como pepita de una fruta
y yo digo sí, quizás Bucarest, ninguno de los dos
sabe nada en realidad. Sólo existe este tren
deslizándose entre pastizales nevados
un trineo que alcanza
a tocar a sus sepultados pasajeros.
Nos encontramos en el andén tembloroso
mientras los dientes rotos del viento se nos clavan.
Desenvuelves tu pan negro
y compartes conmigo el café
que se te derrama entre los guantes.
Los postes de telégrafo rebanan los campos invernales
en bloques blancos, en cada ventana
la cruda pintura de una pequeña granja.
Escuchamos a las madres que regañan
a sus hijos en inglés
como si no entendiéramos ni jota:
estate quieto, estate quieto.

Hay algunas pistas acerca de dónde
nos encontramos: el trigo en pacas esparcido
por todos lados como ataúdes desaparecidos.
Las lejanas, ambarinas lámparas de cocina
se han limpiado con aceite.
Por todos lados los cables colgantes, negros
estiran los mensajes de un lado
al otro de un país.
De pie, los hombres en todas las fronteras
nos despiden agitando la mano.

Borrando con el puño los óvalos de aliento en las ventanas
para vernos las caras, tocas el vidrio

the glass tenderly wherever it holds my face.
Days later, you are showing me
photographs of a woman and children
smiling from the windows of your wallet.

Each time the train slows, a man
with our faces in the gold buttons
of his coat passes through the cars
muttering the name of a city. Each time
we lose people. Each time I find you
again between the cars, holding out
a scrap of bread for me, something
hot to drink, until there are
no more cities and you pull me
toward you, sliding your hands
into my coat, telling me
your name over and over, hurrying
your mouth into mine.
We have, each of us, nothing.
We will give it to each other.

delicadamente en cualquiera de los puntos
donde mi rostro se distingue.
Días después, me muestras
fotos de una mujer y sus hijos
que sonríen por las ventanas de tu billetera.

Cada vez que el tren baja de velocidad, un hombre
con nuestras caras en los botones dorados
de su saco pasa por los vagones
murmurando el nombre de una ciudad. Poco a poco
vamos perdiendo gente. Una y otra vez te vuelvo a encontrar
entre vagones, ofreciéndome un mendrugo de pan,
una bebida caliente, hasta que se acaban las ciudades
y me jalas y me estrechas, deslizando las manos
por entre mi abrigo, diciéndome tu nombre
una y otra vez, precipitando tu boca en la mía.
Ninguno de los dos tiene nada.
Y eso nos damos uno al otro.

Jorie Graham

(n. 1950)

I Watched a Snake

hard at work in the dry grass
      behind the house
catching flies. It kept on
      disappearing.
And though I know this has
      something to do

with lust, today it seemed
      to have to do
with work. It took it almost half
      an hour to thread
roughly ten feet of lawn,
      so slow

between the blades you couldn't see
      it move. I'd watch
its path of body in the grass go
      suddenly invisible
only to reappear a little
      further on

black knothead up, eyes on
      a butterfly.
This must be perfect progress where
      movement appears

Jorie Graham

Traducción de Zulai Marcela Fuentes

Miraba a una serpiente

tenaz en sus afanes sobre el pasto seco
          detrás de la casa
cazando moscas. Desaparecía
          una y otra vez.
Y aunque sé que esto tiene
          mucho o algo que ver

con la lujuria, hoy parecería
          que tiene que ver
con el trabajo. Le tomó casi
          media hora tejer
algo como diez pies de césped
          tan lento

entre los filos que no podía vérsela
          mover. Miraba
el rastro de su cuerpo en la hierba
          desvanecerse
sólo para resurgir un poco
          más adelante

la negra cabeza de nudo hacia arriba, los ojos en
          una mariposa.
Esto debe ser evolución perfecta cuando
          surge el movimiento

to be vanishing, a mending
                of the visible

by the invisible—just as we
                stitch the earth,
it seems to me, each time
                we die, going
back under, coming back up....
                It is the simplest

stitch, this going where we must,
                leaving a not
unpretty pattern by default. But going
                out of hunger
for small things—flies, words—going
                because one's body

goes. And in this disconcerting creature
                a tiny hunger,
one that won't even press
                the dandelions down,
retrieves the necessary blue-
                black dragonfly

that has just landed on a pod...
                all this to say
I'm not afraid of them
                today, or anymore
I think. We are not, were not, ever
                wrong. Desire

is the honest work of the body,
                its engine, its wind.
It too must have its sails—wings
                in this tiny mouth, valves

como algo evanescente, remiendo
de aquello que se ve

por lo invisible—así como
hilvanamos la tierra,
me parece, cada vez que
morimos, volvemos
hacia abajo, surgimos hacia arriba...
Es el hilván más

simple, este ir adonde hay que ir,
dejando un patrón
no ingrato así por nada. Pero ir
perdiendo la apetencia
por las cosas pequeñas—moscas, palabras—irse
porque nuestro cuerpo

se va. Y en esta desconcertante criatura
un hambre diminuta,
una que ni siquiera estropearía
los dientes de león;
recupera la imprescindible libélula
tornasolada

que acaba de posarse en una mata...
todo para decir
hoy ya no les temo, o nunca más
en el futuro, creo.
Jamás estamos, estuvimos, ni estaremos
errados. El deseo

es el honesto trabajo del cuerpo,
su motor, su viento.
Debe tener también sus velas—olas
en su boca diminuta, válvulas

in the human heart, meanings like sailboats
   setting out

over the mind. Passion is work
   that retrieves us,
lost stitches. It makes a pattern of us,
   it fastens us
to sturdier stuff
   no doubt.

en el corazón humano, sentidos como barcos de vela
     al zarpar

hacia la mente. Pasión es el trabajo
     que nos recupera,
hilvanes perdidos. Nos moldea,
     nos amarra
a una materia más recia
     no cabe duda.

Emily Grosholz

(n. 1950)

Life of a Salesman

Behind the small, fixed windows of the album,
my father sits on sand, flowered with sea-salt,
nestling my younger brothers on his knees,
my mother beside him, me on another towel.

Or else he's smiling, lapped by shallow combers,
holding the kids so only their toes get wet,
free from booze and taxes, the city office,
his territory, miles of empty highway.

My husband, late addition to the family,
points out a disproportion: that generic
photo of my father on the beaches
stands for a man with two weeks' paid vacation.

I say to my brothers, look, you're all contented!
Both of you blue with cold in your ratty towels,
thrilled with the wind, the escalating waves,
our father watching the ocean roll its sevens.

Most of the time, he's on the road again
selling fancy letterhead, engravings
the businessmen he calls on can't be certain
they need, without his powers of persuasion.

Emily Grosholz

Traducción de Zulai Marcela Fuentes

Vida de un agente viajero

Detrás de las ventanas estáticas del álbum,
mi padre se sienta en la arena, adornado con flores salinas de mar,
acurrucando a mis hermanos menores en sus piernas,
mi madre a su lado, yo en otra toalla.

O bien, sonríe, lamido por olas huecas encrespadas,
deteniendo a los niños para que sólo remojen los dedos,
libre de alcohol y de impuestos, oficina de ciudad,
su territorio, kilómetros de carretera vacía.

Mi esposo, reciente añadidura en la familia,
señala una desproporción: esa fotografía
genérica de mi padre en las playas
representa a un hombre con dos semanas de vacaciones pagadas.

Le digo a mis hermanos, miren, ¡están todos contentos!
Los dos morados de frío en sus toallas andrajosas
confrontados con el viento, la marea alta,
nuestro padre mirando el océano revolver sus siete mares.

Casi todo el tiempo vuelve a la carretera
para vender membretes vistosos, grabados
que sus clientes, hombres de negocios, no están seguros
de necesitar, de no ser por sus poderes de convencimiento.

He tries to tell them. Fifty weeks a year,
in sun and rain and snow, on secondary
arteries crosshatching the back country
of Pennsylvania, Maryland, West Virginia.

Alone at night in one more shabby diner,
his pale self in the speckled mirror-panels
is like a stranger's. He coats his potatoes
and minute-steak in catsup, for the color.

He wants a drink, but holds off for another
day, another hour. The gray Atlantic
shuffles invisibly. He orders coffee
and maybe calls his sponsor up, long distance.

Or calls my mother next, with lonely questions
she tries to answer, putting on my brothers
who sneeze and whistle, practice words like "daddy"
that touch him at the end of the connection.

The dial tone doesn't sound at all like waves.
He might go to a movie, or a meeting:
there's always one around to fill the shady
dangerous intervals of middle evening.

He likes the coffee's warmth, the sound of voices
circling in on wisdom: know the difference.
Protect him, higher power, when he travels
his hundred miles tomorrow, rain or shine.

His death lies elsewhere, hidden in the future,
far from his wife and children, far away
from cleanly riffled Jersey shores in summer,
the gray Atlantic playing out its hand.

Él trata de decirles: cincuenta semanas al año,
con sol y lluvia y nieve, en arterias secundarias
que se cruzan en el campo
de Pensilvania, Maryland, West Virginia.

Solo en la noche en una mísera cena más
su pálido ser en la superficie borrada del espejo
es como el de un extraño. Embarra sus patatas
y su diminuto bistec en salsa catsup, por el color.

Quiere un trago, pero resiste un día más,
una hora más. El Atlántico gris
regurgita invisible. Pide café,
tal vez le llame a su jefe por larga distancia.

O le llame en seguida a mi madre con preguntas solitarias
que ella intenta responder cuando le pone al teléfono a mis hermanos
con sus estornudos y silbidos, y que practican palabras como "papi"
y lo conmueven del otro lado del auricular.

El tono de marcar no suena como las olas.
Puede ser que vaya al cine o a una junta:
siempre hay alguien que llene los espacios
sombríos y peligrosos de la media noche.

Le gusta la tibieza del café, el sonido de las voces
cuando bordan en sabiduría: conoce la diferencia.
Protégelo, poder supremo, cuando viaje
cien kilómetros mañana, lluvia o sol.

Su muerte yace en otra parte, escondida en el futuro,
lejos de su esposa e hijos, muy lejos
de las orillas limpias y peinadas de Jersey en el verano,
el Atlántico gris jugando la única partida del destino.

Thirty-Six Weeks

Ringed like a tree or planet, I've begun
to feel encompassing,
and so must seem to my inhabitant
who wakes and sleeps in me, and has his being,
who'd like to go out walking after supper
although he never leaves the dining room,
timid, insouciant, dancing on the ceiling.

I'm his roof, his walls, his musty cellar
lined with untapped bottles of blue wine.
His beach, his seashell combers
tuned to the minor tides of my placenta,
wound in the single chamber of my whorl.
His park, a veiny meadow
plumped and watered for his ruminations,
a friendly climate, sun and rain combined
in one warm season underneath my heart.

Beyond my infinite dark sphere of flesh
and fluid, he can hear two voices talking:
his mother's alto and his father's tenor
aligned in conversation.
Two distant voices, singing beyond the pillars
of his archaic mediterranean,
reminding him to dream
the emerald outness of a brave new world.

Sail, little craft, at your appointed hour,
your head the prow, your lungs the sails
and engine, belly the sea-worthy hold,
and see me face to face:
No world, no palace, no Egyptian goddess

Treinta y seis semanas

Circundada por anillos como árbol o planeta,
he comenzado a sentirme envolvente,
y así debe percibirlo mi habitante
que despierta y duerme en mí, y tiene su ser,
y le gustaría salir a caminar después de la merienda
aunque nunca deje el merendero,
tímido, indiferente, bailando en el plafón.

Soy su techo, paredes, sótano húmedo
lleno de botellas sin descorchar de vino azul.
Su playa, conchas marinas, olas encrespadas,
a tono con el oleaje sutil de mi placenta,
se enroscan en la cámara única de mi caracola.
Su parque, una pradera veteada
henchida e irrigada para sus meditaciones,
clima amigable, sol y lluvia combinados
en una estación cálida debajo de mi corazón.

Más allá de mi infinita y oscura esfera de carne
y fluidos, puede escuchar dos voces que dialogan:
tesituras contralto de su madre y tenor de su padre
alineadas en conversación.
Dos voces distantes, cantando allende
las columnas de su arcaico mar mediterráneo,
que le recuerdan soñar
la esmeralda lejanía de un feliz mundo nuevo.

Navega, pequeña barca, en tu hora señalada,
la proa es tu cabeza, tus pulmones son las velas
y el motor, hincha la cala merecedora de mar
y mírame de frente:
no hay mundo, palacio, ni divinidad egipcia

starred over heaven's poles,
only your pale, impatient, opened mother
reaching to touch you after the long wait.

Only one of two, beside your father,
speaking a language soon to be your own.
And strangely, brightly clouding out behind us,
at last you'll recognize
the greater earth you used to take me for,
ocean of air and orbit of the skies.

que brille más allá de los polos del cielo,
sólo tu pálida madre impaciente y abierta
esforzándose por tocarte después de una larga espera.

Nada más uno de dos, junto a tu padre,
hablando un lenguaje que pronto será tuyo.
Y extrañamente, el escampado de la oscuridad
a nuestra espalda, al fin reconocerás
la tierra más vasta que me creías
océano de aire y órbita celeste.

Mekeel McBride

(n. 1950)

Aubade

She wakes long before he does. A fierce shock
of love forces her to look away. Light
the color of gray silk settles among
the dark fronds of a Phoenix palm. Asleep
he laughs, as if in whatever world's
now his own, someone dances drunkenly
with an Alaskan bear, or, on a dare
kisses the mayor's bald head, leaving
a perfect red lip print that will amuse
the sparrows for hours. She watches him sleep
for almost an hour and although he
does not laugh again, nor wake, he talks
a kind of dream-prattle that has in it
parrots and a dove-gray slate still dusty
with the chalk of childhood. She cannot see
his face buried in the pillow but thinks
how in that pillow he must leave some
residue of dream: a name, a scar, parts
of a song in which two people now are
dancing. His red hair flares against
the plain white pillowcase: a benign fire,
rich as any color Rembrandt ever
loved, the first deep whisper of the rising sun.

Mekeel McBride

Traducción de Zulai Marcela Fuentes

Alborada

Ella se despierta mucho antes que él. Un fiero choque
de amor la obliga a alejar su mirada. Luz,
el color de la seda gris se acuna entre
las oscuras frondas de una palmera de Phoenix.
Dormido él se ríe, como si en cualquier mundo, ahora suyo,
alguien danzara ebrio con un oso de Alaska
o se atreviese a besar la calva del alcalde,
y dejar la huella perfecta de unos labios rojos
que harán por horas la delicia de las golondrinas.
Lo mira dormir casi una hora y
aunque no se ría de nuevo, ni despierte
hablará cierta forma de sueño-parloteo
que contiene loros y una pizarra gris—paloma
polvorienta aún con tiza de la infancia. No puede ver
su cara sepultada en la almohada pero piensa
cómo en esa almohada él debe dejar algún
residuo de sueño: un nombre, una cicatriz,
compases de una canción en que dos personas
bailan en ese instante. Su pelo rojo fulgura contra
la funda simple de la almohada: un fuego benigno,
rico como cualquier color por el que Rembrandt habría
suspirado, primer murmullo profundo del sol naciente.

Kettle

An old woman gets tired of her sad face
so she fills her soup bowl with fresh water
then stares into that small lake until she sees
her reflection floating there but softened.
She smiles and when she does that,
her sadness gets tricked into the bowl,
surprised to be lightened a little at last.
Then she takes that bowl into high grass
and leaves it there for the rough tongues
of homeless cats to scratch across;
for starlight to mend itself in.
Now, who knows whether she is old
or young, this woman who tricks away despair.
She's laughing as she peels the wrinkled skins
from red potatoes, dropping them moon
by moon into evening's kettle: new root soup.

Caldero

Una vieja se cansa de su rostro triste
así que llena su tazón de sopa con agua fresca
y mira entonces el pequeño lago hasta que ve
su reflejo flotar allí pero suavizado.
Sonríe, y cuando lo hace,
su tristeza se tropieza en el tazón,
con la sorpresa de verse por fin aligerada un poco.
Luego lleva el tazón a lo alto en la maleza
y lo deja allí para que las lenguas ásperas
de los gatos callejeros lo rasguñen;
para que la luz de las estrellas se repare en él.
Ahora bien, quién sabe si ella es vieja,
o joven, esta mujer que conjura la desesperanza.
Que ríe cuando pela las pieles arrugadas
de las patatas rosadas, y las echa luna
a luna en el caldero de la noche: nueva sopa de raíces.

Andrew Hudgins

(n. 1951)

Praying Drunk

Our Father who art in heaven, I am drunk.
Again. Red wine. For which I offer thanks.
I ought to start with praise, but praise
comes hard to me. I stutter. Did I tell you
about the woman whom I taught, in bed,
this prayer? It starts with praise; the simple form
keeps things in order. I hear from her sometimes.
Do you? And after love, when I was hungry,
I said, *Make me something to eat.* She yelled,
Poof! You're a casserole!—and laughed so hard
she fell out of bed. Take care of her.

Next, confession—the dreary part. At night
deer drift from the dark woods and eat my garden.
They're like enormous rats on stilts except,
of course, they're beautiful. But why? What *makes*
them beautiful? I haven't shot one yet.
I might. When I was twelve, I'd ride my bike
out to the dump and shoot the rats. It's hard
to kill your rats, our Father. You have to use
a hollow point and hit them solidly.
A leg is not enough. The rat won't pause.
Yeep! Yeep! it screams, and scrabbles, three-legged, back
into the trash, and I would feel a little bad
to kill something that wants to live
more savagely than I do, even if

Andrew Hudgins

Traducción de Zulai Marcela Fuentes

Rezando ebrio

Padre nuestro que estás en el cielo, ebrio estoy.
Otra vez. Vino tinto. Por lo que te agradezco.
Debería comenzar con alabanzas, pero las alabanzas
no se me dan fácilmente. Tartamudeo ¿Te dije
de la mujer a quien enseñé esta oración en la cama?
Comienza en alabanza; la forma simple
guarda las cosas en orden. A veces sé de ella.
¿Y tú? Y después del amor, cuando tenía hambre,
le decía *Hazme algo de comer*. Ella gritaba,
¡Puf! ¡Eres un platillo al horno!—y se carcajeaba
tan fuerte que se caía de la cama. Te pido que la cuides.

Después confesión—la parte sombría. De noche
los ciervos vienen de vagar en lóbregos bosques y se comen mi jardín.
Son como enormes ratas en zancos salvo que,
claro está, son hermosos. Pero ¿por qué?
¿Qué los hace hermosos? No he cazado ninguno todavía.
Podría. Cuando tenía doce, montaba mi bici
al basurero y le tiraba a las ratas. Es duro
dispararle a tus ratas, Padre Nuestro.
Hay que detectar una zona blanda y darles duro.
Una pierna no basta. La rata no se detiene.
¡Iiiii! ¡Iiiii!, grita, escarba, con tres piernas,
vuelve a la basura, y yo me sentiría un poco mal
de matar algo que pugna por vivir
con mayor instinto que el mío, aunque sólo

it's just a rat. My garden's vanishing.
Perhaps I'll merely plant more beans, though that
might mean more beautiful and hungry deer.
Who knows?
          I'm sorry for the times I've driven
home past a black, enormous, twilight ridge.
Crested with mist, it looked like a giant wave
about to break and sweep across the valley,
and in my loneliness and fear I've thought,
O let it come and wash the whole world clean.
Forgive me. This is my favorite sin: despair—
whose love I celebrate with wine and prayer.

Our Father, thank you for all the birds and trees,
that nature stuff. I'm grateful for good health,
food, air, some laughs, and all the other things
I'm grateful that I've never had to do
without. I have confused myself. I'm glad
there's not a rattrap large enough for deer.
While at a zoo last week, I sat and wept
when I saw one elephant insert his trunk
into another's ass, pull out a lump,
and whip it back and forth impatiently
to free the goodies hidden in the lump.
I could have let it mean most anything,
but I was stunned again at just how little
we ask for in our lives. *Don't look! Don't look!*
Two young nuns tried to herd their giggling
schoolkids away. *Line up,* they called. *Let's go
and watch the monkeys in the monkey house.*
I laughed, and got a dirty look. Dear Lord,
we lurch from metaphor to metaphor,
which is—let it be so—a form of praying.

sea una rata. Mi jardín se desvanece.

Tal vez cuando mucho plantaré frijoles,

aunque eso los produzca más ciervos hermosos y hambrientos.

Quién lo sabe.

Cómo lamento las veces que conduzco

a casa y paso por un cerro

enorme, negro a la hora del crepúsculo.

Coronado por niebla, parece ola gigante

a punto de romper y de barrer el valle,

y en mi soledad y miedo pienso

Ah, que venga y deje limpio al mundo entero.

Perdóname. Éste es mi pecado favorito: la desesperanza—

cuyo amor celebro con vino y oración.

Padre Nuestro, gracias por todos los pájaros y árboles,

el rollo de la naturaleza. Te agradezco la buena salud,

alimento, buenos ratos, y todo lo demás

que celebro y de lo cual no pude prescindir.

Me da vueltas la cabeza. Qué bueno que

no haya una ratonera tan grande como para los venados.

Mientras estaba en un zoológico la otra semana

me senté a llorar cuando vi a un elefante

insertar su trompa en el culo de otro paquidermo,

extraer un mojón, y batirlo de arriba abajo con empeño

para separar lo suculento del mojón.

Pude haber dejado que significara cualquier cosa,

pero me asombré de nuevo al ver lo poco que pedimos en la vida.

¡No miren, no miren! Dos jóvenes monjas

luchaban por pastorear a sus alumnos y sus risotadas

y alejarlos del lugar. *A formarse,* los llamaron.

Vámonos a ver los changos a la jaula de los monos.

Me reí y me miraron feo. Señor Mío, nos

bamboleamos de metáfora en metáfora,

que es—sea por Dios—una forma de rezar.

I'm usually asleep by now—the time
for supplication. Requests. As if I'd stayed
up late and called the radio and asked
they play a sentimental song. Embarrassed.
I want a lot of money and a woman.
And, also, I want vanishing cream. You know—
a character like Popeye rubs it on
and disappears. Although you see right through him,
he's there. He chuckles, stumbles into things,
and smoke that's clearly visible escapes
from his invisible pipe. It makes me think,
sometimes, of you. What makes me think of me
is the poor jerk who wanders out on air
and then looks down. Below his feet, he sees
eternity, and suddenly his shoes
no longer work on nothingness, and down
he goes. As I fall past, remember me.

Beatitudes

Blessed is the Eritrean child,
flies rooting at his eyes for moisture. Blessed
the remote control with which I flipped on past.
Blessed the flies whose thirst is satisfied.
Blessed the parents, too weak to brush away
the vibrant flies.

                Blessed the camera crew
and blessed the gravity of Dan Rather, whose voice
grows stranger with every death he sees. Blessed
my silence and my wife's as we chewed our hot
three-cheese lasagna.

Suelo quedarme dormido a esta hora, momento
para la plegaria. Peticiones. Como si me hubiese
trasnochado y llamara a la estación de radio
y pidiera una canción sentimental. Me abochorna.
Quiero mucho dinero y una mujer.
y también, quiero crema evanescente. Tú sabes—
un personaje como Popeye el Marino se la unta y desaparece.
Aunque puedes ver a través suyo, allí está.
Se ríe entre dientes, se tropieza con las cosas,
y de su pipa invisible se escapa humo visible con nitidez.
Ello me hace pensar, a veces en ti.
Lo que me hace pensar en mí
es el pobre idiota que vaga por el aire
y luego mira hacia abajo. Debajo de sus pies
él ve la eternidad, y de pronto sus zapatos
ya no pisan en la nada, y se precipita.
Cuando venga cayendo a tu lado, acuérdate de mí.

Bienaventuranzas

Bienaventurado sea el niño eritreo,
las moscas enraizadas en sus ojos buscando humedad. Bienaventurado
el control remoto con el que cambié de canal.
Bienaventuradas las moscas cuya sed ha sido saciada.
Bienaventurados los padres, demasiado débiles para espantar
las moscas voraces.

                              Bienaventurados los camarógrafos
y bienaventurada la seriedad de Dan Rather cuya voz
se torna más extraña con cada muerte que presencia.
Bienaventurado mi silencio y el de mi esposa
mientras masticamos nuestra lasaña caliente de tres quesos.

Blessed the comedies
we watched that night, the bed we slept in, the work
we rose to and completed before we sat
once more to supper before the television,
a day during which the one child died
and many like him. Blessed is the small check
we wrote and mailed. Blessed is our horror.

Bienaventuradas las comedias
que miramos esa noche, la cama en que dormimos, el trabajo
que nos despertó y terminamos antes de sentarnos
una vez más a merendar frente al televisor,
un día durante el cual aquel niño murió
y muchos como él. Bienaventurado el chequecito
que extendimos y giramos. Bienaventurado sea nuestro horror.

Judith Ortiz Cofer

(n. 1952)

The Latin Deli: An Ars Poetica

Presiding over a formica counter,
plastic Mother and Child magnetized
to the top of an ancient register,
the heady mix of smells from the open bins
of dried codfish, the green plantains
hanging in stalks like votive offerings,
she is the Patroness of Exiles,
a woman of no-age who was never pretty,
who spends her days selling canned memories
while listening to the Puerto Ricans complain
that it would be cheaper to fly to San Juan
than to buy a pound of Bustelo coffee here,
and to Cubans perfecting their speech
of a "glorious return" to Havana—where no one
has been allowed to die and nothing to change until then;
to Mexicans who pass through, talking lyrically
of *dólares* to be made in El Norte—

> all wanting the comfort
of spoken Spanish, to gaze upon the family portrait
of her plain wide face, her ample bosom
resting on her plump arms, her look of maternal interest
as they speak to her and each other
of their dreams and their disillusions—
how she smiles understanding,
when they walk down the narrow aisles of her store

Judith Ortiz Cofer

Traducción de Zulai Marcela Fuentes

La *deli* latina: Un ars poética

Presiden desde el mostrador de formica
Madona y Niño de plástico, imantados
por arriba de una antigua caja registradora,
olores embriagantes de latas abiertas de
bacalao seco, racimos verdes de bananos
colgando de sus palos como ofrendas votivas.
Ella es la Patrona de los Exilios,
una mujer sin edad que nunca fue bonita,
que pasa sus días vendiendo recuerdos enlatados
mientras oye a los puertorriqueños quejarse
cuánto más barato sería volar a San Juan
que comprar aquí dos kilos de café Bustelo,
y a los cubanos perfeccionando su discurso
de un "glorioso retorno" a La Habana—donde a nadie
se le permite morir ni cambiar hasta que llegue el día;
a los mexicanos que pasan con la cantaleta
de cuántos dolaritos van a ganar en El Norte—
queriendo todos la comodidad
del español hablado, para contemplar el retrato de familia
de su rostro ancho y plano, su busto generoso
derramado en sus brazos regordetes, su mirada denotando interés de madre
cuando hablan con ella o entre sí
de sus sueños y sus desilusiones—
cómo se ríe al comprender
cuando caminan por los pasillos angostos de su tienda,

reading the labels of packages aloud, as if
they were the names of lost lovers: *Suspiros,*
Merengues, the stale candy of everyone's childhood.

She spends her days

slicing *jamón y queso* and wrapping it in wax paper
tied with string: plain ham and cheese
that would cost less at the A&P, but it would not satisfy
the hunger of the fragile old man lost in the folds
of his winter coat, who brings her lists of items
that he reads to her like poetry, or the others,
whose needs she must divine, conjuring up products
from places that now exist only in their hearts—
closed ports she must trade with.

The Lesson of the Teeth

I heard my mother say it once
in the kitchen—that to dream of teeth
means death is coming, rattling
its bag of bones as a warning to all
to say a "Credo" every night before sleeping.

One day, as a child, seeking the mystery
of my Aunt Clotilde's beauty,
I slipped into her bedroom without knocking.
She was sitting at her vanity,
combing her long black hair everyone said
I'd inherited. A set of false teeth
floated in a jar beside her. In horror,
I looked up into the face of a sunken-cheeked hag
in the mirror—then ran all the way home.

leyendo etiquetas de paquetes en voz alta como si
fuesen nombres de amores perdidos: *suspiros*,
merengues, los dulces rancios de la infancia de cualquiera.

                              Ella se pasa los días
rebanando jamón y queso y envolviéndolos en papel de parafina
atado con mecate: puro jamón y queso
más barato en el *A&P*, pero que no saciaría
el hambre del viejo frágil perdido en los pliegues
de su abrigo de invierno, que le trae listas de víveres
y se los lee como poemas, o de los demás, cuyos antojos ella debe
adivinar, conjurando productos de lugares que ahora sólo existen en
sus corazones—
puertos clausurados donde ella debe comerciar.

La lección de los dientes

Oí a mi madre decir alguna vez
en la cocina—que soñar con dientes
significa que viene la muerte sonando
su bolsa de huesos para conminar a todos
a que recen un credo noche a noche antes de dormir.

Un día, cuando era niña, buscando el misterio
de la belleza de mi tía Clotilde,
me escurrí en su recámara sin anunciarme.
La encontré sentada en su tocador
alisándose la larga cabellera negra que todos decían
yo había heredado. Una dentadura postiza
flotaba en el frasco junto a ella. Con horror miré
en el espejo el rostro de una bruja de mejillas huecas,
y luego salí corriendo a casa. Ella debió notarme

She must have seen me but never let on.
Her face filled with flesh appeared often
at our place. But her smile
sent a little current of icy fear up my spine—
that message they say you receive
when someone steps on your grave.

pero siempre se hizo de la vista gorda.
Su rostro cubierto de carne se aparecía seguido
en nuestra casa. Pero su sonrisa me enviaba cierta
corriente helada de pavor por la espina dorsal,
ese aviso que dicen se recibe cuando alguien
nos pisa encima de la tumba.

Rita Dove

(n. 1952)

Daystar

She wanted a little room for thinking:
but she saw diapers steaming on the line,
a doll slumped behind the door.

So she lugged a chair behind the garage
to sit out the children's naps.

Sometimes there were things to watch—
the pinched armor of a vanished cricket,
a floating maple leaf. Other days
she stared until she was assured
when she closed her eyes
she'd see only her own vivid blood.

She had an hour, at best, before Liza appeared
pouting from the top of the stairs.
And just *what* was mother doing
out back with the field mice? Why,

building a palace. Later
that night when Thomas rolled over and
lurched into her, she would open her eyes
and think of the place that was hers
for an hour—where
she was nothing,
pure nothing, in the middle of the day.

Rita Dove

Traducción de Zulai Marcela Fuentes

Estrella diurna

Ella quiere un pequeño espacio para pensar:
pero arropa sin retardo
a una muñeca desplomada detrás de la puerta.

Así que arrastra una silla al exterior de la cochera
para sentarse mientras dura la siesta de los niños.

A veces hay cosas que mirar—
la armadura abollada del grillo que se fue,
una hoja de *maple* al flotar.
Otros días fija la vista hasta cerciorarse
que verá sólo su propia sangre reluciente
cuando cierre los ojos.

Tiene una hora, a lo más, antes de que
Liza aparezca haciendo rabietas desde la escalera.
¿Y qué es lo que hace mamá
allá afuera con los ratones de campo?

Pues, construir un palacio. Más tarde
esa noche, cuando Thomas gire y
choque con su cuerpo,
abrirá los ojos para pensar
en el lugar que fue suyo por una hora,
donde ella no fue nada,
simplemente nada, a medio día.

American Smooth

We were dancing—it must have
been a foxtrot or a waltz,
something romantic but
requiring restraint,
rise and fall, precise
execution as we moved
into the next song without
stopping, two chests heaving
above a seven-league
stride—such perfect agony
one learns to smile through,
ecstatic mimicry
being the sine qua non
of American Smooth.
And because I was distracted
by the effort of
keeping my frame
(the leftward lean, head turned
just enough to gaze out
past your ear and always
smiling, smiling),
I didn't notice
how still you'd become until
we had done it
(for two measures?
four?)—achieved flight,
that swift and serene
magnificence,
before the earth
remembered who we were
and brought us down.

Terso americano

Bailábamos—debió haber sido un fox trot o un vals,
algo romántico, pero que pedía discreción:
pleamar y bajamar,
ejecución precisa al deslizarnos
a la siguiente pieza sin parar,
dos pechos jadeantes alzándose
para dar en una zancada
de siete leguas—agonía tan perfecta
por la que uno no aprende a sonreír,
mímica embriagante,
el *sine qua non*
de lo terso americano.
Y porque estaba distraída
en el esfuerzo de
guardar la forma
(la inclinación hacia la izquierda,
cabeza entornada justo para atisbar
detrás de tu oreja y siempre
sonriendo, sonriendo),
no me había dado cuenta
de lo quieto que te habías quedado
hasta que lo habíamos hecho:
(¿por dos compases?
¿cuatro?) alcanzando el vuelo,
esa ligera y tranquila
magnificencia,
antes de que la tierra
nos recordara quiénes éramos
y nos trajera de regreso.

Mark Jarman

(n. 1952)

After Disappointment

To lie in your child's bed when she is gone
Is calming as anything I know. To fall
Asleep, her books arranged above your head,
Is to admit that you have never been
So tired, so enchanted by the spell
Of your grown body. To feel small instead
Of blocking out the light, to feel alone,
Not knowing what you should or shouldn't feel,
Is to find out, no matter what you've said
About the cramped escapes and obstacles
You plan and face and have to call the world,
That there remain these places, occupied
By children, yours if lucky, like the girl
Who finds you here and lies down by your side.

Mark Jarman

Traducción de Zulai Marcela Fuentes

Después de la desilusión

Yacer en la cama de la hija cuando parte
Es tan sedativo como no hay nada igual.
Dormir, sus libros en la cabecera,
Es admitir que nunca se estuvo tan cansado,
Tan encantado en el hechizo
Del propio cuerpo ya desarrollado. Sentirse
Pequeño en lugar de apagar la luz, sentirse
Solo, sin saber qué sentir o no sentir,
Es descubrir, sin importar lo que se haya dicho
De los estrechos pasadizos y obstáculos
Por avizorar y enfrentar al tener
Que llamar al mundo y decirle
Que quedan estos lugares, ocupados
Por los hijos, con suerte los de uno, como la muchacha
Que me encuentra aquí y se recuesta a mi lado.

Ground Swell

Is nothing real but when I was fifteen,
Going on sixteen, like a corny song?
I see myself so clearly then, and painfully—
Knees bleeding through my usher's uniform
Behind the candy counter in the theater
After a morning's surfing; paddling frantically
To top the brisk outsiders coming to wreck me,
Trundle me clumsily along the beach floor's
Gravel and sand; my knees aching with salt.
Is that all that I have to write about?
You write about the life that's vividest.
And if that is your own, that is your subject.
And if the years before and after sixteen
Are colorless as salt and taste like sand—
Return to those remembered chilly mornings,
The light spreading like a great skin on the water,
And the blue water scalloped with wind-ridges,
And—what was it exactly?—that slow waiting
When, to invigorate yourself, you peed
Inside your bathing suit and felt the warmth
Crawl all around your hips and thighs,
And the first set rolled in and the water level
Rose in expectancy, and the sun struck
The water surface like a brassy palm,
Flat and gonglike, and the wave face formed.
Yes. But that was a summer so removed
In time, so specially peculiar to my life,
Why would I want to write about it again?
There was a day or two when, paddling out,
An older boy who had just graduated
And grown a great blonde moustache, like a walrus,

Mar de fondo

No es nada real pero a los quince,
Por cumplir dieciséis, cursi tonada,
Me veo entonces tan nítido y con dolor—
Las rodillas sangrientas a través de mi uniforme de acomodador
Detrás de la vitrina de dulces en el teatro
Después de surfear una mañana; remar frenéticamente,
Remontarme sobre los vigorosos invasores que vienen a hacerme naufragar
Al rodarme torpemente por la grava y arena;
El dolor de sal en las rodillas.
¿Eso es todo lo que tengo que escribir?
Se escribe de la vida lo más vívido.
Y si eso es lo de uno, ése es el tema.
Y si los años de antes y después de los dieciséis
Son incoloros como la sal y saben a arena—
Hay que tornarse a recordar aquellas mañanas frías
En que la luz se esparcía como una gran piel sobre del agua,
Y el agua azul ondulaba con las crestas de viento
Y—¿qué era exactamente?—a lenta espera
En que, para tonificarse, uno se orinaba
En el traje de baño y se sentía el calor
Rodeando caderas y muslos,
Y la primera ola llegaba y el nivel del mar
Subía lleno de esperanza, y el sol se estrellaba
Contra la superficie del agua como una palmera estridente,
Llana y como un gong, y se formaba el rostro de la ola.
Sí. Pero ése fue un verano tan retirado en el tiempo,
Tan íntimamente peculiar en la vida,
¿Por qué habría de querer describirlo de nuevo?
Hubo un día que otro cuando, chapoteando,
Un chico mayor recién graduado
Con un bigotazo nuevo y rubio, como de morsa,

Skimmed past me like a smooth machine on the water,
And said my name. I was so much younger,
To be identified by one like him—
The easy deference of a kind of god
Who also went to church where I did—made me
Reconsider my worth. I had been noticed.
He soon was a small figure crossing waves,
The shawling crest surrounding him with spray,
Whiter than gull feathers. He had said my name
Without scorn, just with a bit of surprise
To notice me among those trying the big waves
Of the morning break. His name is carved now
On the black wall in Washington, the frozen wave
That grievers cross to find a name or names.
I knew him as I say I knew him, then,
Which wasn't very well. My father preached
His funeral. He came home in a bag
That may have mixed in pieces of his squad.
Yes, I can write about a lot of things
Besides the summer that I turned sixteen.
But that's my ground swell. I must start
Where things began to happen and I knew it.

Me pasó rozando como una máquina tersa sobre el agua,
Y pronunció mi nombre. Yo era mucho más joven que él,
Tanto como para que me identificara alguien como él—
La fácil deferencia de alguna forma de dios
Que iba a la misma iglesia—me hizo
Reconsiderar mi valor. Se había fijado en mí.
Pronto fue una figurita que cruzaba las olas,
La cresta envolvente rodeándolo con su espuma
Más blanca que plumas de gaviota. Había dicho
Mi nombre sin mofarse, sólo con un tanto de asombro.
Fijarse en mí entre aquellos que se aventuraban en las grandes olas
Del amanecer. Hoy su nombre está grabado
Sobre el muro negro de Washington, la ola congelada
Que los afligidos cruzan para encontrar un nombre o unos nombres.
Lo conocí como digo que lo conocí, entonces,
Casi nada. Mi padre habló
En su funeral. Volvió a casa en una bolsa
Donde pudo haberse mezclado con otros pedazos de su pelotón.
Sí, puedo escribir de muchas cosas,
Además del verano en que cumplí los dieciséis.
Pero ése es mi mar de fondo. Debo partir
De donde las cosas comenzaron a suceder y lo sabía.

Naomi Shihab Nye

(n. 1952)

The Traveling Onion

When I think how far the onion has traveled
just to enter my stew today, I could kneel and praise
all small forgotten miracles,
crackly paper peeling on the drainboard,
pearly layers in smooth agreement,
the way knife enters onion
and onion falls apart on the chopping block,
a history revealed.

And I would never scold the onion
for causing tears.
It is right that tears fall
for something small and forgotten.
How at meal, we sit to eat,
commenting on texture of meat or herbal aroma
but never on the translucence of onion,
now limp, now divided,
or its traditionally honorable career:
For the sake of others,
disappear.

Naomi Shihab Nye

Traducción de Zulai Marcela Fuentes

La cebolla viajera

Cuando pienso en lo lejos que la cebolla ha viajado
tan sólo para entrar hoy en mi estofado,
podría arrodillarme y loar
todos los milagros pequeños y olvidados,
papel quebradizo desahogándose en el escurridor,
capas perladas en suave concordia,
la forma en que el cuchillo entra en la cebolla
y la cebolla se cae a pedazos en la tabla de cortar,
una historia revelada.

Y yo nunca reprocharía a la cebolla
por provocar el llanto.
Está bien que las lágrimas se viertan
por algo pequeño y olvidado.
Cómo en el almuerzo nos sentamos a comer
y comentamos la textura de la carne o el aroma de las hierbas,
pero nunca la translucidez de la cebolla,
ahora blanda, ahora seccionada,
o de su trayectoria honorable por tradición:
desaparecer
para complacer a los demás.

Famous

The river is famous to the fish.

The loud voice is famous to silence,
which knew it would inherit the earth
before anybody said so.

The cat sleeping on the fence is famous to the birds
watching him from the birdhouse.

The tear is famous, briefly, to the cheek.

The idea you carry close to your bosom
is famous to your bosom.

The boot is famous to the earth,
more famous than the dress shoe,
which is famous only to floors.

The bent photograph is famous to the one who carries it
and not at all famous to the one who is pictured.

I want to be famous to shuffling men
who smile while crossing streets,
sticky children in grocery lines,
famous as the one who smiled back.

I want to be famous in the way a pulley is famous,
or a buttonhole, not because it did anything spectacular,
but because it never forgot what it could do.

Famosa

El río es inmortal para el pez.

El grito conspicuo frente al silencio,
(sabedor del legado de la tierra,
antes de que alguien lo pensara).

El gato dormilón sobre la verja es admirado entre los pájaros
que lo observan desde su percha.

La lágrima es notable, por instantes, sobre la mejilla.

La idea que se lleva en el regazo
es acariciada por el regazo.

La bota es célebre sobre la tierra,
más célebre que el zapato de vestir,
tan sólo noble encima del piso.

La fotografía ajada es memorable para quien la lleva
y nada recordable para el objeto de la foto.

Yo quiero ser famosa entre los hombres evasivos
que sonríen al cruzar la calle,
o los niños pegajosos en la fila del mercado,
tan popular como para quien devuelve la sonrisa.

Quiero ser gloriosa como lo es una rondana,
o un ojal, no porque hayan hecho algo formidable,
sino porque nunca olvidaron cuál era su misión.

Alberto Ríos

(n. 1945)

Madre Sofía

My mother took me because she couldn't
wait the second ten years to know.
This was the lady rumored to have been
responsible for the box-wrapped baby
among the presents at that wedding,
but we went in, anyway, through the curtains.
Loose jar-top, half turned
and not caught properly in the threads
her head sat mimicking its original intention
like the smile of a child hitting himself.
Central in that head grew unfamiliar poppies
from a face mahogany, eyes half yellow
half gray at the same time, goat and fog,
slit eyes of the devil, his tweed suit, red
lips, and she smelled of smoke, cigarettes,
but a diamond smoke, somehow; I inhaled
sparkles, but I could feel them, throat, stomach.
She did not speak, and as a child
I could only answer, so that together
we were silent, cold and wet, dry and hard:
from behind my mother pushed me forward.
The lady put her hand on the face
of a thin animal wrap, tossing that head
behind her to be pressured incredibly
as she sat back in the huge chair and leaned.
And then I saw the breasts as large as her

Alberto Ríos

Traducción de Zulai Marcela Fuentes

Madre Sofía

Mi madre me llevó porque no podía
esperar los próximos diez años para salir de dudas.
Ésta era la dama que se rumoraba había sido
responsable del bebé envuelto en una caja
de entre los obsequios de la boda,
pero entramos, de cualquier modo, por entre las cortinas.
La tapa del frasco semiabierto
y no bien enroscado,
la cabeza asentada haciendo mímica de su intención original
como la sonrisa de un niño que se golpea y disimula.
Al centro de la cabeza crecían extrañas amapolas
en un rostro caoba, ojos medio zarcos,
medio grises a la vez, cabra y niebla,
ojos rasgados del demonio, su traje de *tweed*,
labios púrpura, olor a humo, cigarrillo,
era un humo diamantino, de algún modo;
yo inhalé los destellos pero los sentía en estómago, garganta.
No pronunciaba una palabra, y de niño
yo sólo podía responder, para que juntos
estuviésemos en silencio, fríos y mojados, secos y duros:
por detrás mi madre me empujó hacia delante.
La dama tocó la cara de una estola fina de animal,
cuya cabeza se echó por la espalda, y ésta quedó insólitamente
aprisionada cuando se sentó y se recargó en la enorme silla.
Y entonces vi unos senos tan grandes

head, folded together, coming out of her dress
as if it didn't fit, not like my mother's.
I could see them, how she kept them
penned up, leisurely, in maroon feed bags,
horse nuzzles of her wide body,
but exquisitely penned up
circled by pearl reins and red scarves.
She lifted her arm, but only with the tips
of her fingers motioned me to sit opposite.
She looked at me but spoke to my mother
words dark, smoky like the small room,
words coming like red ants stepping occasionally
from a hole on a summer day in the valley,
red ants from her mouth, her nose, her ears,
tears from the corners of her cinched eyes.
And suddenly she put her hand full on my head
pinching tight again with those finger tips
like a television healer, young Oral Roberts
half standing, quickly, half leaning
those breasts swinging toward me
so that I reach with both my hands to my lap
protecting instinctively whatever it is
that needs protection when a baseball is thrown
and you're not looking but someone yells,
the hand, then those breasts coming toward me
like the quarter-arms of the amputee Joaquín
who came back from the war to sit
in the park, reaching always for children
until one day he had to be held back.
I sat there, no breath, and could see only
hair around her left nipple, like a man.
Her clothes were old.
Accented, in a language whose spine had been

como su cabeza, apretujados uno contra el otro,
saliéndose del vestido como si no cupieran,
no como los de mi madre.
Podía ver cómo los mantenía acorralados,
cómodos, en unas talegas marrón,
hocicazos de caballo de su enorme cuerpo,
pero exquisitamente acorralados,
rodeados por bridas de perlas y mascadas rojas.
Alzó el brazo, pero sólo con la punta de los dedos
me indicó que me sentara del lado opuesto.
Me miró pero se dirigió a mi madre:
palabras oscuras, ahumadas como la pequeña pieza,
palabras como hormigas coloradas que salían a veces
de un agujero en un día de verano por el valle,
hormigas rojas de la boca, la nariz y las orejas,
lágrimas en las esquinas de los ojos reprimidos.
Y de pronto me puso toda la mano en la cabeza
apretando duro otra vez con esa yema de los dedos
como sanador de televisión, el joven Oral Roberts
a medio alzar, de prisa, medio reclinando
los senos columpiándose hacia mí
a modo de tenerme que cubrir con ambas manos el regazo
y protegerme lo que hiciera falta proteger,
como cuando alguien te arroja una pelota
inadvertidamente con un grito,
la mano, entonces aquellos senos vienen hacia mí
como los muñones de Joaquín el amputado
que llegó de la guerra a sentarse en el parque, siempre
en busca de niñitos hasta que un día tuvieron que detenerlo.
Allí me senté, sin aliento, y sólo podía ver
el vello alrededor de su pezón izquierdo, como de hombre.
Sus ropas eran viejas.
Con acento, en un lenguaje cuya médula se hubiera

snapped, she whispered the words of a city
witch, and made me happy, alive like a man:
The future will make you tall.

The Purpose of Altar Boys

Tonio told me at catechism
the big part of the eye
admits good, and the little
black part is for seeing
evil—his mother told him
who was a widow and so
an authority on such things.
That's why at night
the black part gets bigger.
That's why kids can't go out
at night, and at night
girls take off their clothes
and walk around their
bedrooms or jump on their
beds or wear only sandals
and stand in their windows.
I was the altar boy
who knew about these things,
whose mission on some Sundays
was to remind people of
the night before as they
knelt for Holy Communion.
To keep Christ from falling
I held the metal plate under chins,
while on the thick
red carpet of the altar

quebrado, musitó las palabras de una bruja de ciudad,
y me hizo feliz, me infundió la vida como a un hombre:
el futuro hará que llegues a ser alto.

La misión de los monaguillos

Toño me dijo en catecismo
que la bola grande de los ojos
admite el bien, y la bolita
negra es para ver el mal—
le había dicho su madre que es viuda
y por tanto una autoridad en tales cosas.
Es por eso que en la noche
la bola negra se agranda.
Por tanto los chicos no pueden salir
de noche, y en la noche
las chicas se quitan la ropa
y deambulan por sus dormitorios
o brincan en sus camas
en puras sandalias
y se paran en la ventana.
Yo era el monaguillo
sabio en estas cosas,
cuya misión en los domingos
era recordarle a las personas
lo de anoche mientras se hincaban
a recibir la Santa Eucaristía.
Para impedir que Cristo se cayera,
sostenía la bandejita de metal
por debajo del mentón
mientras que en la espesa alfombra
bermeja del altar

I dragged my feet
and waited for the precise
moment: plate to chin
I delivered without expression
the Holy Electric Shock,
the kind that produces
a really large swallowing
and makes people think.
I thought of it as justice.
But on other Sundays the fire
in my eyes was different,
my mission somehow changed.
I would hold the metal plate
a little too hard
against those certain same
nervous chins, and I
I would look
with authority down
the tops of white dresses.

arrastraba los pies
y esperaba el preciso instante:
bandeja debajo del mentón.
Yo ofrecía sin expresión alguna
el Choque Eléctrico Sagrado,
aquel que produce una deglución
realmente prolongada
y que pone a reflexionar a la gente.
Pensaba en ello como en la justicia.
Pero en otros domingos el fuego
en mis ojos era diferente,
mi misión de algún modo cambiaba.
Sostenía la charola de metal
con demasiada firmeza
contra alguna de aquellas barbillas nerviosas,
y miraba con autoridad hacia abajo
los corpiños de los vestidos blancos.

Mark Doty

(n. 1953)

Bill's Story

When my sister came back from Africa,
we didn't know at first how everything
had changed. After a while Annie
bought men's and boys' clothes in all sizes,
and filled her closets with little
or huge things she could never wear.

Then she took to buying out
theatrical shops, rental places on the skids,
sweeping in and saying, *I'll take everything.*
Dementia was the first sign of something
we didn't even have a name for,
in 1978. She was just becoming stranger

—all those clothes, the way she'd dress me up
when I came to visit. It was like we could go back
to playing together again, and get it right.
She was a performance artist, and she did
her best work then, taking the clothes to clubs,
talking, putting them all on, talking.

It was years before she was in the hospital,
and my mother needed something
to hold onto, some way to be helpful,
so she read a book called *Deathing*

Mark Doty

Traducción de Zulai Marcela Fuentes

La historia de Bill

Cuando mi hermana regresó de África,
no sabíamos al principio cómo había cambiado todo.
Después de un tiempo Annie
compró ropa de hombre y niño de todos los tamaños
y llenó sus armarios con cosas pequeñas
o enormes que no podía usar.

Después le dio por comprar en tiendas de teatro,
sitios de alquiler en los barrios bajos,
entrar como reina y decir, *me llevo todo*.
Demencia fue el primer signo de algo
para lo que no teníamos nombre
en 1978. Ella sólo se volvía más extraña

—todas esas prendas, la forma en que me vestía
cuando la visitaba—. Era como si volviésemos
a jugar de nuevo, y nos saliera bien.
Era una artista del performance, y hacía
su mejor actuación entonces, llevaba la ropa a los clubes,
hablaba, se las ponía todas, hablaba.

Pasaron años antes de que se fuera al hospital,
y mi madre necesitaba algo
a que aferrarse, alguna forma de ser útil,
así que leyó un libro llamado *Falleciendo*

(a cheap, ugly verb if ever I heard one)
and took its advice to heart;

she'd sit by the bed and say, *Annie,*
look for the light, look for the light.
It was plain that Anne did not wish
to be distracted by these instructions;
she came to, though she was nearly gone then,
and looked at our mother with what was almost certainly

annoyance. *It's a white light,*
Mom said, and this struck me
as incredibly presumptuous, as if the light
we'd all go into would be just the same.
Maybe she wanted to give herself up
to indigo, or red. If we can barely even speak

to each other, living so separately,
how can we all die the same?
I used to take the train to the hospital,
and sometimes the only empty seats
would be the ones that face backwards.
I'd sit there and watch where I'd been

waver and blur out, and finally
I liked it, seeing what you've left
get more beautiful, less specific.
Maybe her light was all that gabardine
and flannel, khaki and navy
and silks and stripes. If you take everything,

you've got to let everything go. Dying
must take more attention than I ever imagined.
Just when she'd compose herself
and seem fixed on the work before her,

(un verbo corriente, feo si alguna vez supe de alguno)
y tomó su consejo a pecho;

se sentaba en la cama y decía, *Annie,*
busca la luz, busca la luz.
Era claro que Annie no quería
distraerse con estas instrucciones;
ella volvió en sí, aunque para entonces ya casi se había ido,
y miró a nuestra madre con algo que casi aseguro era

fastidio. *Es una luz blanca,*
dijo mamá, y esto me impresionó
como algo presuntuoso a lo más, como si la luz
por la que todos pasaríamos fuese la misma.
Tal vez ella quería entregarse
al azul marino, o al rojo. Si escasamente podemos hablar

uno con el otro, al vivir tan lejos unos de los otros,
¿cómo podríamos todos morir del mismo modo?
Solía tomar el tren al hospital,
y a veces los únicos asientos vacíos
eran los que miraban en dirección contraria.
Me sentaba allí y miraba donde había estado

difuso y vacilante, y finalmente
me gustó, ver lo que había dejado
tornarse más hermoso, menos específico.
Tal vez su luz era toda esa gabardina
y franela, caqui y marino
y sedas y franjas. Si se asume todo

hay que despojarse de todo. Morir
debe requerir más atención de la que pudiera imaginarme.
Apenas cuando se sosegaba
y parecía fijarse en el trabajo que tenía delante

Mother would fret, trying to help her
just one more time: *Look for the light,*

until I took her arm
and told her wherever I was in the world
I would come back, no matter how difficult
it was to reach her, if I heard her calling.
Shut up, mother, I said, and Annie died.

No

The children have brought their wood turtle
into the dining hall
because they want us to feel

the power they have
when they hold a house
in their own hands, want us to feel

alien lacquer and the little thrill
that he might, like God, show his face.
He's the color of ruined wallpaper,

of cognac, and he's closed,
pulled in as though he'll never come out;
nothing shows but the plummy leather

of the legs, his claws resembling clusters
of diminutive raspberries.
They know he makes night

mi madre se impacientaba al tratar de ayudarla
una vez más: *busca la luz*,

hasta que tomé su brazo
y le dije que donde yo estuviese en este mundo
regresaría, no importaba qué tan difícil
fuese llegar a ella, si oía su llamado.
Cállate, Madre, le dije, y Annie murió.

No

Los niños han traído su tortuga de madera
al comedor
porque quieren que sintamos

el poder que tienen
cuando toman una casa
en sus propias manos, quieren hacernos sentir

la laca extraña y el pequeño encanto
de que pueda, como Dios, mostrar su cara.
Tiene el color de un papel tapiz en ruinas,

del coñac, y está enclaustrada,
ensimismada como si nunca fuese a salir;
nada asoma sino la piel de paza

de las piernas, sus garras como racimos
de diminutas frambuesas.
Ellos saben que es capaz de anochecerse

anytime he wants, so perhaps
he feels at the center of everything,
as they do. His age,

greater than that of anyone
around the table, is a room
from which they are excluded,

though they don't mind,
since they can carry this perfect
building anywhere. They love

that he might poke out
his old, old face, but doesn't.
I think the children smell unopened,

like unlit candles, as they heft him
around the table, praise his secrecy,
holding to each adult face

his prayer,
the single word of the shell,
which is no.

a la hora que ella quiera, luego tal vez
se siente como el ombligo del mundo,
igual que ellos. Su edad,

mayor que la de todos
en torno a la mesa, es un aposento
donde todos quedan fuera

aunque a ellos no les interese,
porque pueden llevar este edificio
tan perfecto por doquier. Se encantan

con saber que ella podría sacar
su vieja, vieja cara, pero no lo hace.
Pienso que los niños huelen hermetismo,

velas no encendidas, cuando la levantan
alrededor de la mesa, alaban su silencio,
sostienen frente al rostro de cada adulto

su plegaria,
la única palabra del caparazón
que es *no*.

Tony Hoagland

(n. 1953)

Lucky

If you are lucky in this life,
you will get to help your enemy
the way I got to help my mother
when she was weakened past the point of saying no.

Into the big enamel tub
half-filled with water
which I had made just right,
I lowered the childish skeleton
she had become.

Her eyelids fluttered as I soaped and rinsed
her belly and her chest,
the sorry ruin of her flanks
and the frayed gray cloud
between her legs.

Some nights, sitting by her bed
book open in my lap
while I listened to the air
move thickly in and out of her dark lungs,
my mind filled up with praise
as lush as music,

amazed at the symmetry and luck
that would offer me the chance to pay

Tony Hoagland

Traducción de Claudia Lucotti y Argel Corpus Guzmán

Tener suerte

Si tienes suerte en esta vida,
podrás ayudar a tu enemigo
como ayudé a mi madre
tan débil que no podía decir no.

Dentro de la gran tina de peltre
llena hasta la mitad de agua,
que preparé con cuidado,
metí el infantil esqueleto
en que se había convertido.

Sus párpados aletearon cuando le enjaboné
el vientre y el pecho,
la triste ruina de sus flancos
y la gastada nube gris
entre sus piernas.

Algunas noches, junto a su cama
un libro abierto en el regazo
al escuchar el aire
moverse pesadamente a través de sus pulmones oscuros,
mi mente se llenó de alabanza,
profusa como música,

y con asombro por la simetría y la suerte
que me daban la oportunidad de pagar

my heavy debt of punishment and love
with love and punishment.

And once I held her dripping wet
in the uncomfortable air
between the wheelchair and the tub,
until she begged me like a child
to stop,
an act of cruelty which we both understood
was the ancient irresistible rejoicing
of power over weakness.

If you are lucky in this life,
you will get to raise the spoon
of pristine, frosty ice cream
to the trusting creature mouth
of your old enemy

because the tastebuds at least are not broken
because there is a bond between you
and sweet is sweet in any language.

Honda Pavarotti

I'm driving on the dark highway
when the opera singer on the radio
opens his great mouth
and the whole car plunges down the canyon of his throat.

So the night becomes an aria of stars and exit signs
as I steer through the galleries

mi pesada deuda de castigo y amor
con amor y castigo.

Y una vez la sostuve toda mojada
en el aire incómodo
entre la silla de ruedas y la tina
hasta que me rogó como niño
que la bajara,
un acto de crueldad que entendimos:
era la vieja e irresistible celebración
del poder sobre la debilidad.

Si tienes suerte en esta vida,
podrás alzar la cuchara
de prístino, espumoso helado
a la confiada boca de criatura
de tu viejo enemigo

porque las papilas al menos no están rotas
porque hay un lazo entre ustedes
y lo dulce es dulce en cualquier idioma.

Pavarotti Honda

Circulo por la oscura autopista
cuando el cantante de ópera en la radio
abre su gran boca
y el coche entero se lanza por el túnel de su garganta.

Así la noche se vuelve un aria de estrellas y señales de salida
mientras conduzco por las galerías

of one dilated Italian syllable
after another. I love the passages in which

the rich flood of the baritone
strains out against the walls of the esophagus,
and I love the pauses
in which I hear the tenor's flesh labor to inhale

enough oxygen to take the next plummet
up into the chasm of the violins.
In part of the song, it sounds as if the singer
is being squeezed by an enormous pair of tongs

while his head and legs keep kicking.
In part of the song, it sounds as if he is
standing in the middle of a coliseum,
swinging a 300-pound lion by the tail,

the empire of gravity
conquered by the empire of aerodynamics,
the citadel of pride in flames
and the citizens of weakness
celebrating their defeat in chorus,

joy and suffering made one at last,
joined in everything a marriage is alleged to be,
though I know the woman he is singing for
is dead in a foreign language on the stage beside him,

though I know his chain mail is made of silver-painted plastic
and his mismanagement of money is legendary,
as I know I have squandered
most of my own life

de una dilatada sílaba italiana
tras otra. Amo los pasajes donde

el rico torrente del barítono
empuja contra las paredes del esófago,
y amo las pausas
donde oigo la carne del tenor esforzarse por inhalar

el oxígeno para poder alzar vuelo
y alcanzar la cima de los violines.
Luego parece que al cantante
lo aprietan unas pinzas gigantes

mientras su cabeza y sus piernas siguen pataleando.
Luego, la canción parece como si el cantante estuviera
parado en medio de un coliseo,
revoleando un león de 300 kilos por la cola,

el imperio de la gravedad
conquistado por el imperio de la aerodinámica,
la ciudadela del orgullo en llamas
y los ciudadanos de la debilidad
celebrando su derrota a coro,

el júbilo y el sufrimiento por fin juntos,
unidos en todo lo que se dice constituye el matrimonio,
aunque sé que la mujer a la que le canta
yace muerta a su lado en un idioma extranjero sobre el escenario,

y que su armadura es de plástico plateado
y su mal uso del dinero casi una leyenda,
como mi forma de derrochar
la mayor parte de mi vida

in a haze of trivial distractions,
and that I will continue to waste it.
But wherever I was going, I don't care anymore,
because no place I could arrive at

is good enough for this, this thing made out of experience
but to which experience will never measure up.
And that dark and soaring fact
is enough to make me renounce the whole world

or fall in love with it forever.

en una bruma de distracciones triviales,
y que seguiré desperdiciándola.
Pero adonde sea que iba, eso ya no importa,
pues ningún lugar de llegada

es apropiado para esto, esta cosa hecha de experiencia
que siempre le quedará grande a la experiencia
y ese hecho oscuro y aéreo
bien puede hacer que renuncie al mundo entero

o que me enamore de él para siempre.

Gjertrud Schnackenberg

(n. 1953)

Nightfishing

The kitchen's old-fashioned planter's clock portrays
A smiling moon as it dips down below
Two hemispheres, stars numberless as days,
And peas, tomatoes, onions, as they grow
Under that happy sky; but though the sands
Of time put on this vegetable disguise,
The clock covers its face with long, thin hands.
Another smiling moon begins to rise.

We drift in the small rowboat an hour before
Morning begins, the lake weeds grown so long
They touch the surface, tangling in an oar.
You've brought coffee, cigars, and me along.
You sit still, like a monument in a hall,
Watching for trout. A bat slices the air
Near us, I shriek, you look at me, that's all,
One long sobering look, a smile everywhere
But on your mouth. The mighty hills shriek back.
You turn back to the hake, chuckle, and clamp
You teeth on your cigar. We watch the black
Water together. Our tennis shoes are damp.
Something moves on your thoughtful face, recedes.
Here, for the first time ever, I see how,
Just as a fish lurks deep in water weeds,
A thought of death will lurk deep down, will show
One eye, then quietly disappear in you.

Gjertrud Schnackenberg

Traducción de Argel Corpus Guzmán

Pesca nocturna

En la cocina, el anticuado reloj del campo presenta
Una sonriente luna sumergiéndose bajo
Dos hemisferios, estrellas innumerables como días,
Y guisantes, tomates, cebollas creciendo
Bajo ese cielo feliz. Pero, aunque las arenas
Del tiempo vistan este disfraz vegetal,
El reloj cubre su rostro con largas, delgadas manos.
Otra sonriente luna empieza a levantarse.

Una hora antes de que empiece la mañana,
Nos deslizamos en el pequeño bote,
La maleza del lago ha crecido tanto
Que ahora toca la superficie, enredándose en un remo.
Aparte de café y cigarros, me has traído a mí.
Estás sentado, inmóvil, como un monumento en una sala,
Aguardando a las truchas. Cerca de nosotros
Un murciélago rebana el aire, grito, me miras, eso es todo:
Una larga sobria mirada, una sonrisa en todos lados,
Excepto en tu boca. Las poderosas colinas regresan el grito.
Regresas a la merluza, te ríes, y aprietas el cigarro
Con los dientes. Juntos, miramos el agua negra.
Nuestros tenis están húmedos.
Aquí, por primera vez, veo cómo,
Similar a un pez que acecha en lo profundo de la maleza marina,
Un pensamiento mórbido acechará en las profundidades,
Mostrará un ojo, para luego desaparecer en ti, tranquilamente.

It's time to go. Above the hills I see
The faint moon slowly dipping out of view,
Sea of Tranquillity, Sea of Serenity,
Ocean of Storms... You start to row, the boat
Skimming the lake where light begins to spread.
You stop the oars, midair. We twirl and float.

I'm in the kitchen. You are three days dead.
A smiling moon rises on fertile ground,
White stars and vegetables. The sky is blue.
Clock hands sweep by it all, they twirl around,
Pushing me, oarless, from the shore of you.

Supernatural Love

My father at the dictionary-stand
Touches the page to fully understand
The lamplit answer, tilting in his hand

His slowly scanning magnifying lens,
A blurry, glistening circle he suspends
Above the word "Carnation." Then he bends

So near his eyes are magnified and blurred,
One finger on the miniature word,
As if he touched a single key and heard

A distant, plucked, infinitesimal string,
"The obligation due to every thing
That's smaller than the universe." I bring

Ya es hora de irse. Arriba de las colinas veo
A la débil luna sumergiéndose lentamente,
Mar de la tranquilidad, Mar de la serenidad,
Océano de las tormentas... Comienzas a remar, el bote
Roza el lago donde la luz empieza a expandirse.
Detienes los remos en el aire. Damos vueltas, y flotamos.

Estoy en la cocina. Tienes tres días de muerto.
Una sonriente luna se alza sobre el campo fértil,
Blancas estrellas y vegetales. El cielo es azul.
Las manecillas recorren todo, dan la vuelta a todo,
Me empujan, sin remos, de tu orilla.

Amor sobrenatural

Ante el atril del diccionario, mi padre,
Para entender cabalmente la respuesta alumbrada,
Toca la página, ladeando en su mano

Su lento, escudriñador lente de aumento,
Él sostiene un borroso, brillante círculo
Sobre la palabra "Clavel". Entonces, se agacha

Tanto que sus ojos se hacen grandes y borrosos,
Un dedo sobre la diminuta palabra,
Como si tocara una sola tecla y oyera

Una distante, arrancada, infinitesimal cuerda,
"La obligación debida a toda cosa
Que es más pequeña que el universo." Pongo

My sewing needle close enough that I
Can watch my father through the needle's eye,
As through a lens ground for a butterfly

Who peers down flower-hallways toward a room
Shadowed and fathomed as this study's gloom
Where, as a scholar bends above a tomb

To read what's buried there, he bends to pore
Over the Latin blossom. I am four,
I spill my pins and needles on the floor

Trying to stitch "Beloved" X by X.
My dangerous, bright needle's point connects
Myself illiterate to this perfect text

I cannot read. My father puzzles why
It is my habit to identify
Carnations as "Christ's flowers," knowing I

Can give no explanation but "Because."
Word-roots blossom in speechless messages
The way the thread behind my sampler does

Where following each X I awkward move
My needle through the word whose root is love.
He reads, "A pink variety of Clove,

Carnatio, the Latin, meaning flesh."
As if the bud's essential oils brush
Christ's fragrance through the room, the iron-fresh

Odor carnations have floats up to me,
A drifted, secret, bitter ecstasy,
The stems squeak in my scissors, *Child, it's me,*

Mi aguja de coser tan cerca
Que puedo verlo a través del ojo de la aguja,
Como a través de un lente para una mariposa

Que mira los corredores de la flor conducentes a un cuarto
Oscurecido y profundo como este cuarto en penumbra
Donde, como un académico inclinado sobre una tumba,

Lee lo que está enterrado allí, se inclina
Para estudiar el capullo Latino. Tengo cuatro años,
Tiro mis alfileres y agujas en el piso

Tratando de bordar "Amado" X por X.
Mi peligrosa, brillante punta de aguja me conecta,
Analfabeta, a este texto perfecto

Que no puedo leer. Mi padre me pregunta por qué
Tengo el hábito de identificar
A los claveles como "flores de Cristo", sabiendo

Que no puedo dar una explicación salvo "porque sí".
Las raíces de las palabras florecen como mensajes mudos,
Como lo hace la hebra de mi modelo

Donde siguiendo cada X muevo torpemente
Mi aguja a través de la palabra cuya raíz es amor.
Él lee: "una variedad rosa del clavo,

Del latín, *Carnatio*, significa carne."
Como si las esencias del botón expandieran
La fragancia de Cristo por el cuarto, el olor

A acero fresco que los claveles tienen flota a mi alrededor:
Un arrastrado, secreto, amargo éxtasis,
Los tallos chillan en mis tijeras, *Niño, soy yo.*

He turns the page to "Clove" and reads aloud:
"The clove, a spice, dried from a flower-bud."
Then twice, as if he hadn't understood,

He reads, "From French, for *clou*, meaning a nail."
He gazes, motionless. "Meaning a nail."
The incarnation blossoms, flesh and nail,

I twist my threads like stems into a knot
And smooth "Beloved," but my needle caught
Within the threads, *Thy blood so dearly bought*,

The needle strikes my finger to the bone.
I lift my hand, it is myself I've sewn,
The flesh laid bare, the threads of blood my own,

I lift my hand in startled agony
And call upon his name, "Daddy daddy"—
My father's hand touches the injury

As lightly as he touched the page before,
Where incarnation bloomed from roots that bore
The flowers I called Christ's when I was four.

Regresa la hoja a "Clavo" y lee en voz alta:
"El clavo, una especia, un botón seco."
Luego, otras dos veces, como si no lo hubiera entendido

Lee "Del francés, *clou*, que quiere decir clavo".
Se queda quieto, mirando fijamente. "Que quiere decir clavo".
Los botones encarnados, carne y clavo,

Tuerzo como tallos a las hebras en un nudo
Y aliso "Amado", pero mi aguja está atrapada
Adentro del nudo. *Tu sangre a un precio tan alto comprada,*

La aguja pincha mi dedo hasta el hueso.
Levanto mi mano, soy yo quien se ha cosido,
La carne yace desnuda, las hebras de mi propia sangre.

Levanto mi mano en una agonía desconcertada
Y pronuncio su nombre: "papi, papi",
La mano de mi padre toca la herida

Tan delicadamente, como antes tocó la página
Donde la encarnación floreció de las raíces
De las flores que llamé de Cristo, cuando tenía cuatro años.

Kim Addonizio

(n. 1954)

First Poem for You

I like to touch your tattoos in complete
darkness, when I can't see them. I'm sure of
where they are, know by heart the neat
lines of lightning pulsing just above
your nipple, can find, as if by instinct, the blue
swirls of water on your shoulder where a serpent
twists, facing a dragon. When I pull you
to me, taking you until we're spent
and quiet on the sheets, I love to kiss
the pictures in your skin. They'll last until
you're seared to ashes; whatever persists
or turns to pain between us, they will still
be there. Such permanence is terrifying.
So I touch them in the dark; but touch them, trying.

Target

It feels so good to shoot a gun,
to stand with your legs apart
holding a nine millimeter in both hands
aiming at something that can't run.
Over and over I rip holes

Kim Addonizio

Traducción de Argel Corpus Guzmán

Primer poema para tí

Me gusta tocar tus tatuajes en total
oscuridad, cuando no puedo verlos. Conozco
su sitio, me sé de memoria las hermosas
líneas del relámpago pulsando debajo
de tu pezón; puedo encontrar, como por instinto, el azul
torbellino del agua sobre tu hombro, donde una serpiente
se tuerce encarando a un dragón. Cuando te atraigo
hacia mí, tomándote hasta que estamos exhaustos
y quietos en las sábanas, amo besar
las imágenes de tu piel. Ellas durarán hasta
que ardas y te hagas cenizas. Sin importar qué persista entre nosotros,
o qué se convierta en dolor, ellas aún estarán allí.
Tal permanencia es aterradora.
Así que las toco en la oscuridad; pero las toco, tratando.

Diana

Se siente tan bien disparar una pistola:
estar parado con tus piernas abiertas,
sostener, con ambas manos, una nueve milímetros,
apuntando a algo que no puede huir.
Una y otra vez le hago orificios

in the paper target clamped to its hanger,
target I move closer with the flick of a switch
or so far away its center looks
like a small black planet in its white square
of space. It feels good to nestle a clip

of bullets against the heel of your hand,
to ratchet one into the chamber
and cock the hammer back and fire, the recoil
surging along your arms as the muzzle kicks up, as you keep
control. It's so good you no longer wonder

why some boys lift them from bottom drawers and boxes
at the backs of closets, and drive fast into lives
they won't finish, lean from their car windows and
let go a few rounds into whatever's out there.
You can hear what comes back as they speed away:

burst glass, or the high ring of struck steel,
or maybe moans. Now you want
to take the thing and hurl it into
the ocean, to wait until it drops down
through the dark and cold and lodges so deep

nothing could retrieve it. But you know it would
float back and wash up like a bottle
carrying a message from a dead man.
You stand there firing until the gun feels
light again, and innocent. And then you reload.

a la diana de papel, remachada en su soporte.
Con mover un switch acerco la diana
o la alejo tanto que su centro luce
como un pequeño, negro planeta en su espacio
blanco, cuadrado. Se siente bien acomodar el cargador

contra el hueco de la mano,
meter una bala en la cámara
y jalar el martillo y disparar, la reacción
que golpea a lo largo de los brazos cuando el cañón brinca, mientras
mantienes el control. Es tan agradable que ya no te preguntas

por qué algunos muchachos las toman de las gavetas o de las cajas
que hay en los closets y se arrojan a sus vidas, vidas
que no concluirán. Se asoman, desde las ventanas de sus coches
disparan hacia cualquier cosa que esté ahí afuera.
Mientras huyen, puedes imaginar lo que vendrá:

vidrios estallados, o el agudo sonido del acero golpeado,
o tal vez gemidos. Ahora quieres
tomar esa cosa y lanzarla al océano,
esperar hasta que se hunda
en la oscuridad y el frío y se aloje tan profundamente

que nada pueda desenterrarla. Sin embargo, sabes
que regresará a la orilla, como una botella
que trae el mensaje de un muerto.
Estás allí, parado, disparando hasta que la pistola
se siente, una vez más, ligera e inocente. Entonces, la recargas.

Cornelius Eady

(n. 1954)

Jazz Dancer

I have a theory about motion.
I have a theory about the air.
I have a theory about main arteries and bass lines.
I have a theory about Friday night,
Just a theory, mind you,
About a dry mouth and certain kinds of thirst
And a once-a-month bulge of money
   in a working pair of pants.

I have a theory about kisses,
The way a woman draws a man across a dance floor
Like a ship approaching a new world.
I have a theory about space
And what's between the space

And an idea about words,
A theory about balance and the alphabet,
A theory concerning electricity and the tendons,
A hunch about long glances from across a ballroom
Even though there's a man on her arm,
Even though there's a woman on his arm

And Fire and the Ocean,
Stars and Earthquakes,
Explosions as sharp as new clothes

Cornelius Eady

Traducción de Argel Corpus Guzmán

Bailarín de jazz

Tengo una teoría sobre el movimiento.
Tengo una teoría sobre el aire.
Tengo una teoría sobre las principales arterias y las líneas del bajo.
Tengo una teoría sobre la noche de los viernes,
Sólo una teoría, recuerda,
Acerca de una boca seca y de ciertos tipos de sed
Y del mensual bulto de dinero
   En el pantalón de trabajo.

Tengo una teoría sobre los besos,
El modo en el que una mujer conduce a un hombre por la pista de baile
Como un barco acercándose al nuevo mundo.
Tengo una teoría sobre el espacio
Y sobre lo que está entre el espacio

Y una idea sobre las palabras,
Una teoría sobre el balance y el alfabeto,
Una teoría sobre la electricidad y los tendones,
Una corazonada sobre el intercambio de miradas a través de la pista
Aun cuando ella tiene a un hombre del brazo,
Aun cuando él tiene a una mujer del brazo

Y Fuego y Océano,
Estrellas y Terremotos,
Explosiones tan agudas como ropa nueva

off the rack.
When I leap,

Brushes strike the lip of a cymbal.
When I leap,
A note cuts through glass.
When I leap,
A thick finger dreams on a bass string
And all that sweat,
All that spittle,
All those cigarettes and cheap liquor,

All that lighthearted sass and volcanism,
All that volatile lipstick,
All that

Cleaves the air the way a man and woman
Sweet-talk in a bed.
When I leap,
I briefly see the world as it is
And as it should be

And the street where I grew up,
The saxophones,
Kisses
And mysteries among the houses

And my sister, dressing in front of her mirror,
A secret weapon of sound and motion,
A missionary
In the war against
The obvious.

Tomada de la repisa.
Cuando salto,

Las escobillas golpean el labio de un platillo.
Cuando salto,
Una nota atraviesa el vaso.
Cuando salto,
Un dedo grueso sueña sobre la cuerda del bajo
Y todo ese sudor,
Todos esos escupitajos,
Todos esos cigarros y alcohol barato,

Toda esa insolencia y vulcanismo frívolo,
Todo esa pintura volátil de labios,
Todo eso

Se adhiere al aire como cuando hombre y mujer
Platican dulcemente en la cama.
Cuando salto,
Brevemente veo el mundo como es
Y como debería ser

Y la calle en la que crecí,
Los saxofones,
Besos,
Y misterios entre las casas

Y a mi hermana, arreglándose ante el espejo,
Un arma secreta de movimiento y sonido,
Una misionera
En la guerra contra
Lo obvio.

The Supremes

We were born to be gray. We went to school,
Sat in rows, ate white bread,
Looked at the floor a lot. In the back
Of our small heads

A long scream. We did what we could,
And all we could do was
Turn on each other. How the fat kids suffered!
Not even being jolly could save them.

And then there were the anal retentives,
The terrified brown-noses, the desperately
Athletic or popular. This, of course,
Was training. At home

Our parents shook their heads and waited.
We learned of the industrial revolution,
The sectioning of the clock into pie slices.
We drank cokes and twiddled our thumbs. In the
Back of our minds

A long scream. We snapped butts in the showers,
Froze out shy girls on the dance floor,
Pin-pointed flaws like radar.
Slowly we understood: this was to be the world.

We were born insurance salesman and secretaries,
Housewives and short order cooks,
Stock room boys and repairmen,
And it wouldn't be a bad life, they promised,

Los supremos

Nacimos para ser grises. Fuimos a la escuela,
Nos sentamos en filas, comimos pan blanco,
Miramos al piso, mucho. En la parte de atrás
De nuestra cabecita

Un largo chillido. Hicimos lo que pudimos,
Y todo lo que podíamos hacer era
Ponernos en nuestra contra. ¡Cómo sufrieron los gordos!
Ni siquiera su alegría pudo salvarlos.

Y, luego, estaban los obsesivos,
Los aterrorizados lambiscones, los desesperadamente
Atléticos o populares. Esto, desde luego,
Fue el entrenamiento. En casa

Nuestros padres movían negativamente la cabeza y esperaban.
De la revolución industrial aprendimos
A seccionar en cuartos al reloj.
Bebimos coca y perdimos el tiempo. En la parte de atrás
De nuestra mente

Un largo chillido. En las regaderas, dimos toallazos en las nalgas,
En los bailes, no pelamos a las tímidas;
Como radar, señalamos los defectos.
Lentamente comprendimos: este iba a ser el mundo.

Nacimos siendo vendedores de seguros y secretarias,
Amas de casa y cocineros baratos,
Almacenistas y mecánicos;
Y no sería una mala vida, nos prometieron,

In a tone of voice that would force some of us
To reach in self-defense for wigs,
Lipstick,

Sequins.

En un tono de voz que obligaría, a algunos de nosotros,
A alcanzar, en defensa propia, pelucas,
Lápiz labial,

Lentejuelas.

Michael Donaghy

(n. 1954—m. 2004)

Black Ice and Rain

Psalms 6.6

Can I come in? I saw you slip away.
Hors d'oeuvres depress you, don't they? They do me.
And cocktails, jokes…such dutiful abandon.
Where the faithful observe immovable feasts
—boat races, birthdays, marriages, martyrdoms—
we're summoned to our lonely ceremonies any time:
B minor, the moldiness of an old encyclopedia,
the tinny sun snapping off the playground swings,
these are, though we can't know this, scheduled
to arrive that minute of the hour, hour of the day,
day of every year. Again, regular as brickwork,
comes the time the nurse jots on your chart
before she pulls the sheet across your face. Just so,
the past falls open anywhere—even sitting here with you.

Sorry. You remind me of a girl I knew.
I met her at a party much like this, but younger, louder,
the bass so fat, the night so sticky you could drown.
We shouted art at each other over soul
and cold beer in the crowded kitchen and I, at least,
was halfway to a kiss when she slipped
her arm around her friend.
I worked at liking him, and it took work,
and it never got any easier being harmless,

Michael Donaghy

Traducción de Argel Corpus Guzmán

Hielo negro y lluvia

Salmo 6:6

¿Puedo pasar? Vi que te escabulliste.
Los canapés te deprimen ¿no? A mí sí,
y cócteles, bromas ... ese obediente abandono.
Donde los fieles observan fiestas inmóviles,
(carreras en bote, cumpleaños, matrimonios, martirios)
nosotros somos requeridos para nuestras solitarias ceremonias en
cualquier momento:
B menor, lo mohoso de una vieja enciclopedia,
el pequeño sol mordisqueando los columpios de un parque.
Éstos están, aunque no lo podamos saber, programados
para que aparezcan en ese minuto de esa hora, esa hora del día,
ese día de cada año. Otra vez, regular como el adoquinado,
llega la hora en la que la enfermera escribe en tu expediente,
antes de que te cubra el rostro con las sábanas. Así es como
el pasado cae abierto en cualquier lugar; aún sentado aquí, junto a ti.

Disculpa. Me recuerdas a una muchacha que conocí.
La conocí en una fiesta parecida a esta pero más joven, más ruidosa,
el bajo tan torpe, la noche tan pegajosa que podía ahogarte.
Gritamos sobre arte por encima del *soul*
y la cerveza fría, en la cocina atiborrada y, al menos yo, estaba
apunto de darle un beso cuando ella deslizó
su brazo alrededor de su amigo.
Tuve que hacer que me simpatizara, y fue laborioso,
y nunca se hizo más sencillo ser inocente,

but we danced that night like a three-way game of chess
and sang to Curtis Mayfield pumped so loud
that when I drove them home they could hardly
whisper to invite me up.

Their black walls smirked with Jesus on black velvet
—Jesus, Elvis, Mexican skeletons, big-eyed Virgins,
Rodin's hands clasped in chocolate prayer—
an attitude of decor, not like this room of yours.
A bottle opened—tequila with a cringe of worm—
and she watched me.
Lighting a meltdown of Paschal candles,
she watched me. He poured the drinks rasping
We're seriously into cultural detritus. At which, at last,
she smiled. Ice cubes cracked. The worm sank in my glass.
And all that long year we were joined at the hip.

I never heard them laugh. They had,
instead, this tic of scratching quotes in air—
like frightened mimes inside their box of style,
that first class carriage from whose bright window
I watched the suburbs of my life recede.
            Exactly one year on she let me kiss her—once—
her mouth wine-chilled, my tongue a clumsy guest,
and after that the invitations dwindled.
By Christmas we were strangers. It was chance
I heard about the crash. He died at once.
Black ice and rain, they said. No news of her.

I can't remember why I didn't write.
Perhaps I thought she'd sold the flat and left.
Some nights midway to sleep I'm six years old.
Downstairs it's New Year's Eve. Drink and shrieks.
But my mother's lit the luminous plastic Jesus
to watch me through the night, which is why

pero esa noche, como un juego de ajedrez de tres jugadores, bailamos
y cantamos las de Curtis Mayfield, cuyo volumen estaba tan fuerte
que cuando los llevé a casa apenas pudieron
murmurar una invitación.

Las negras paredes lucían un Jesús sobre terciopelo negro:
Jesús, Elvis, calacas mexicanas, vírgenes de ojos grandes,
manos de Rodin entrelazadas en una oración de chocolate,
decoración con personalidad, no como este cuarto.
Una botella abierta (tequila con un trozo de gusano)
y ella me miró.
Encendió los restos de unos cirios pascuales y
me miró. Él sirvió los tragos diciendo con voz áspera:
estamos, seriamente, en un detritus cultural. Ella sonrió,
finalmente. Los cubos de hielo crujieron. El gusano cayó en mi vaso.
Y todo ese largo año estuvimos unidos por la cadera.

Nunca los oí reír. Tenían, en vez de eso,
un tic: raspaban citas en el aire,
como mimos espantados en su caja de estilo,
ese carruaje de primera clase desde cuya brillante ventana
miré los suburbios de mi vida, retirándose.
            Un año después, exactamente, me dejó besarla, una vez.
Su boca, congelada por el vino; mi lengua: un torpe invitado
y después de eso, las invitaciones menguaron.
Para Navidad, ya éramos extraños. Fue de casualidad
que me enteré del choque. Él murió allí.
Hielo negro y lluvia, dijeron. No tuve noticias de ella.

No puedo recordar por qué no escribí.
Quizá pensé que había vendido el departamento y partido.
Algunas noches, a medio camino del sueño, tengo seis años.
Abajo es Año Nuevo. Bebidas y gritos.
Mi madre ha encendido el Jesús luminoso de plástico
para cuidarme en la noche, es por esto

I've got my pillow wrapped around my head.
I never hear the door. And when she speaks,
her thick-tongued anger rearing like a beast,
I feel my hot piss spreading through the sheets.
But when I wake, grown up, it's only sweat.
But if I dream, I bleed. A briar crown,
a fist prised open wide, a steadied nail,
a hammer swinging down—the past falls open
anywhere...

> Ash Wednesday evening.
Driving by, I saw her lights were on.
I noticed both their names still on the buzzer
and when I rang I heard her voice. *Come in*—

> her nose was broken, her front teeth gone,
a rosary was twisted round her fists—

> —*Come in. I've been saying a novena.*
Inside, each crucifix and candle shone
transfigured in her chrysalis of grief.
She spoke about the crash, how she'd been driving,
how they had to cut her from the wreck...
and then she slipped and called me by his name.

Of those next hours I remember most
the silences between her sobs, the rain
against the skylight slowly weakening
to silence, silence brimming into sleep and dawn.
Then, having lain at last all night beside her,
having searched at last that black-walled room,
the last unopened chamber of my heart,
and found there neither pity nor desire
but an assortment of religious kitsch,
I inched my arm from under her and left.

> Since then, the calmest voice contains her cry
just within the range of human hearing

que tengo la almohada alrededor de mi cabeza.
Nunca escucho la puerta. Y cuando ella habla,
su enojo de lengua espesa alzándose como una bestia,
siento mi cálida orina expandiéndose por las sábanas.
Pero cuando despierto, ya adulto, sólo es sudor.
Pero si sueño, sangro. Una corona de espino blanco,
un puño forzado a estar abierto, un clavo fijo,
un martillo martillando: el pasado cae abierto
en cualquier lugar…

tarde de Miércoles de ceniza.

Manejando por su casa, vi sus luces encendidas.
Me fijé que sus nombres aún estaban en el timbre,
cuando llamé escuché su voz: "sube",
      su nariz estaba rota, los dientes frontales no estaban,
un rosario estaba retorcido entre sus puños
      "sube. Estaba diciendo una novena".
Adentro, cada crucifijo y vela brillaban
transfiguradas en su crisálida de pena.
Habló del choque, cómo es que ella iba manejando,
cómo es que tuvieron que sacarla del desastre …
y entonces ella se equivocó y me llamó por su nombre.

De las siguientes horas, recuerdo
los silencios entre sus sollozos, la lluvia
contra el tragaluz debilitándose, lentamente,
hasta el silencio, el silencio rebosante de sueño y aurora.
Entonces, habiendo estado con ella toda la noche,
habiendo husmeado, por fin, ese cuarto de paredes negras,
la última, intacta cámara de mi corazón,
y no haber encontrado allí ni piedad o deseo
sino un surtido de clichés religiosos,
quité mi brazo de debajo de ella, y salí.

      Desde entonces, la voz más tranquila contiene su grito,
apenas perceptible para el oído humano,

and where I've hoped to hear my name gasped out
from cradle, love bed, death bed, there instead
I catch her voice, her broken lisp, his name.
Since then, each night contains all others,
nested mirror-within-mirror, stretching back from then
to here and now, this party, this room, this bed,
where, in another life, we might have kissed.
Thank you, friend, for showing me your things—
you have exquisite taste—but let's rejoin your guests
who must by now be wondering where you've gone.

y donde esperé escuchar mi nombre entrecortado,
desde la cuna, desde la cama, desde el lecho mortuorio, allí,
en vez, percibo su voz, su roto ceceo, el nombre de él.
Desde entonces, cada noche contiene todas las noches,
anidadas en el espejo adentro del espejo, estirándose desde
el entonces hasta el aquí y ahora: esta fiesta, este cuarto, esta cama,
donde, en otra vida, nos hubiéramos besado.
Gracias, amiga, por mostrarme tus cosas,
tienes un gusto exquisito, pero reunámonos con tus invitados,
quienes deben estarse preguntando a dónde has ido.

David Mason

(n. 1954)

Song of the Powers

Mine, said the stone,
mine is the hour.
I crush the scissors,
such is my power.
Stronger than wishes,
my power, alone.

Mine, said the paper,
mine are the words
that smother the stone
with imagined birds,
reams of them, flown
from the mind of the shaper.

Mine, said the scissors,
mine all the knives
gashing through paper's
ethereal lives;
nothing's so proper
as tattering wishes.

As stone crushes scissors,
as paper snuffs stone
and scissors cut paper,
all end alone.
So heap up your paper

David Mason

Traducción de Argel Corpus Guzmán

Canción de los poderes

Mía, dijo la piedra,
mía es esta hora.
Yo aplasto las tijeras,
ese es mi poder.
Más fuerte que el anhelo,
mi poder, solo.

Mías, dijo el papel,
mías son las palabras
que ablandan la piedra
con pájaros imaginados,
montones de ellos, volando
de la mente del hacedor.

Míos, dijeron las tijeras,
míos todos los cuchillos
que tasajean las vidas etéreas
del papel:
nada más propio
que anhelos tasajeados.

Como piedra aplasta tijeras,
como papel envuelve piedra,
y como tijeras corta papel
todos terminan solos.
Así que apila tu papel

and scissor your wishes
and uproot the stone
from the top of the hill.
They all end alone
as you will, you will.

The Lost House

A neighbor girl went with me near the creek,
entered the new house they were building there
with studs half-covered. Alone in summer dark,
we sat together on the plywood floor.

The shy way I contrived it, my right hand
slipped insinuatingly beneath her blouse
in new maneuvers, further than I planned.
I thought we floated in the almost-house.

Afraid of what might happen, or just afraid,
I stopped. She stood and brushed the sawdust off.
Fifteen that summer, we knew we could have strayed.
Now, if I saw it in a photograph,

I couldn't tell you where that new house stood.
One night the timbered hillside thundered down
like a dozen freight trains, crashing in a flood
that splintered walls and made the owners run.

y tijeretea tus anhelos,
y arranca de raíz la piedra
de la cima de la colina.
Todos ellos terminarán solos,
como tú, como tú.

Traducción de Claudia Lucotti y Argel Corpus Guzmán

La casa perdida

Una chica del vecindario vino conmigo al arroyo,
ahí entramos a la casa en construcción
con un entramado a medio cubrir. Solos en la tibia oscuridad;
sentados, juntos sobre el piso de madera terciada.

En el modo tímido en el que me las ingenié, mi mano derecha
se deslizó, insinuante, bajo su blusa
con maniobras nuevas, más lejos de lo que planeé.
Pensé que flotábamos en la casi casa.

Temeroso de lo que podía suceder, o sólo temeroso,
me detuve. Ella se paró y se sacudió el aserrín.
Quince años, y saber que podíamos equivocarnos.
Ahora, si lo viera en una fotografía,

no sabría decirte dónde quedaba la casa nueva.
Una noche la ladera arbolada se derrumbó
como una docena de trenes de carga, chocando en un diluvio
que astilló muros y puso a correr a los propietarios.

By then I had been married and divorced.
The girl I reached for in unfinished walls
had moved away as if by nature's course.
The house was gone. Under quiet hills

the creek had cut new banks, left silt in bars
that sprouted alder scrub. No one would know,
cruising the dead-end road beneath the stars,
how we had trespassed there so long ago.

Para entonces me había casado y divorciado.
Esa chica que busqué entre muros no acabados
se había ido como si siguiera el curso natural.
La casa ya no estaba. Bajo colinas calladas

el arroyo cavó nuevos bordes, y dejó barras de limo
en las que crecían matorrales. Nadie sabría,
al transitar la calle sin salida bajo las estrellas,
de nuestras transgresiones ahí hace mucho tiempo.

Mary Jo Salter

(n. 1954)

Welcome to Hiroshima

is what you first see, stepping off the train:
a billboard brought to you in living English
by Toshiba Electric. While a channel
silent in the TV of the brain

projects those flickering re-runs of a cloud
that brims its risen columnful like beer
and, spilling over, hangs its foamy head,
you feel a thirst for history: what year

it started to be safe to breathe the air,
and when to drink the blood and scum afloat
on the Ohta River. But no, the water's clear,
they pour it for your morning cup of tea

in one of the countless sunny coffee shops
whose plastic dioramas advertise
mutations of cuisine behind the glass:
a pancake sandwich; a pizza someone tops

with a maraschino cherry. Passing by
the Peace Park's floral hypocenter (where
how bravely, or with what mistaken cheer,
humanity erased its own erasure),

Mary Jo Salter

Traducción de Claudia Lucotti y Argel Corpus Guzmán

Bienvenido a Hiroshima

es lo primero que se ve, al bajar del tren:
un espectacular de Toshiba Electric,
en inglés actual. Mientras que un canal
silencioso en la TV del cerebro

proyecta esas repeticiones de una nube
que asciende como columna de cerveza
y, al derramarse, agacha su cabeza espumosa,
uno siente sed de historia: qué año

dejó de ser peligroso respirar el aire,
y cuándo beber la sangre y nata flotando
sobre el río Ohta. Pero no, el agua está limpia,
la usan para nuestro té matutino

en uno de los muchos cafés soleados
cuyos dioramas de plástico anuncian
mutaciones culinarias tras el vidrio:
sandwich de panqueque, una pizza rematada

por una cereza al maraschino. Pasando por
el hipocentro floral del Parque de la Paz (donde
con cuánto valor, u optimismo equivocado,
la humanidad eliminó su propia eliminación),

you enter the memorial museum
and through more glass are served, as on a dish
of blistered grass, three mannequins. Like gloves
a mother clips to coatsleeves, strings of flesh

hang from their fingertips; or as if tied
to recall a duty for us, *Reverence*
the dead whose mourners too shall soon be dead,
but all commemoration's swallowed up

in questions of bad taste, how re-created
horror mocks the grim original,
and thinking at last *They should have left it all*
you stop. This is the wristwatch of a child.

Jammed on the moment's impact, resolute
to communicate some message, although mute,
it gestures with its hands at eight-fifteen
and eight-fifteen and eight-fifteen again

while tables of statistics on the wall
update the news by calling on a roll
of tape, death gummed on death, and in the case
adjacent, an exhibit under glass

is glass itself: a shard the bomb slammed in
a woman's arm at eight-fifteen, but some
three decades on—as if to make it plain
hope's only as renewable as pain,

and as if all the unsung
debasements of the past may one day come
rising to the surface once again—
worked its filthy way out like a tongue.

uno entra al museo de la memoria
y a través de más vidrio nos ofrecen, como sobre un plato
de pasto ampollado, tres maniquís. Como guantes
que una madre prende a una manga, hilos de carne

cuelgan de las puntas de los dedos; o como si estuvieran amarrados
para recordarnos un deber, *Reverencien*
a los muertos cuyos deudos pronto estarán muertos también,
pero toda conmemoración pronto es engullida

por cuestiones de mal gusto, cómo el horror
recreado se mofa del desolado original,
y pensando finalmente *No lo deberían de haber tocado*
uno se detiene. Este es el reloj de un niño.

Trabado en el impacto del momento, decidido
a comunicar un mensaje, aunque mudo,
con sus manecillas indica las ocho quince
y ocho y quince y ocho y quince otra vez

mientras tablas estadísticas sobre el muro
ponen al día la noticia por medio de un rollo
de cinta, la muerte pegada a la muerte, y en la siguiente
vitrina, una pieza bajo vidrio

es también vidrio: una astilla que la bomba incrustó
en el brazo de una mujer a las ocho quince, pero unas
tres décadas después—como para hacer ver
que la esperanza es sólo tan renovable como el dolor,

y que toda la degradación
sin reconocimiento del pasado podría algún día
salir otra vez a superficie,
abriendo su abyecto camino como una lengua.

Dead Letters

Dear Mrs. Salter: Congratulations! You
(no need to read on—yet I always do)
may have won the sweepstakes, if you'll send...
Is this how it must end?
Or will it ever end? The bills, all paid,
come monthly anyway, to cheer the dead.
BALANCE: decimal point and double o's
like pennies no one placed upon your eyes.
I never saw you dead—you simply vanished,
your body gone to Science, as you wished:
I was the one to send you there, by phone,
on that stunned morning answering the blunt
young nurse who called, wanting to "clear the room."
"Take her," I said, "I won't be coming in"—
couldn't bear to see your cherished face with more
death in it than was there five days before.
But now, where are you really? From the mail
today, it seems, you might almost be well:
Dear Patient: It's been three years since your eyes
were checked... A host of worthy causes vies
for your attention: endangered wildlife funds,
orphans with empty bowls in outstretched hands,
political prisoners, Congressmen. The *LAST*
*ISSUE*s of magazines are never last.
And now you've shored up on some realtors' list,
since word went out you've "moved" to my address:
Dear New Apartment Owner: If you rent...

Cartas muertas

Querida Sra. Salter: ¡Felicidades! Usted
(no necesito seguir leyendo; aunque siempre lo hago)
podría hacerse acreedora al premio, si enviara...
¿Así es como debe terminar?
¿O nunca terminará? De cualquier modo, las cuentas,
ya pagadas, llegan mensualmente, para alegrar a los muertos.
BALANCE: punto decimal y doble 0
como monedas que nadie puso sobre tus ojos.
Nunca te vi muerta: desapareciste, simplemente,
tu cuerpo fue donado a la ciencia, como querías.
Yo fui quien te envió allá, por teléfono,
en esa aturdida mañana respondí a la enfermera
brusca que quería "desocupar el cuarto."
"Llévela", dije, "no entraré",
no podía soportar ver tu querido rostro con más
muerte en él que hacía cinco días.
Pero ahora ¿dónde estás realmente? Por tu correspondencia
pareciera que estás bien:
Querida paciente: han pasado tres años desde que se revisó
los ojos ... una multitud de causas dignas compiten
por tu atención: fondos para la vida silvestre en peligro,
huérfanos con tazones vacíos en manos estiradas,
presos políticos, Congresistas. Los *ÚLTIMOS*
*NÚMERO*s de las revistas nunca son los últimos.
Y, ahora, desde que se supo que te habías "cambiado" a mi casa,
llegaste a la lista de un corredor de bienes:
Querida nueva propietaria: si usted renta...

Mother, in daydreams sometimes I am sent
to follow you, my own forwarding text
Dear Mrs Salter's Daughter: You are next.

Madre, a veces, cuando sueño despierta, sigo tus
pasos, me envían mi propio texto:
Querida hija de la Sra. Salter: Usted es la siguiente.

Benjamin Alire Sáenz

(n. 1954)

Resurrections

California
Lent, 1990
The stones themselves will sing. —1816 hymn (James Montgomery)

Broken, Incan roads. The stones laid perfect
on mountains of snow so stubborn
not even blazing suns could beat it into water.
But the Incans could tame such mountains. With a fire
of their own, they knew how to melt that ice.
Stone by stone, step by step, the ancients
walked the highest paths of earth. Stones,
tight knots that tied the world together. Roads, higher—
now stones are buried deep like bones
of Incan lords. I walked there barefoot
on cold stones. Those roads were perfect once again
until I woke. Those roads, like Incan hands
who built them, refuse to lie still
in the ground. They loosen the wasted land.
*

My mother lost him young, her older brother. She gave
my brother his name "because the moment he was born
his name rose to my lips." Ricardo, "A friend
took a stone, and broke his skull wide open—
and broke my mother's heart." She walks with him
on a path they took to school. There, in the sun, he laughs
until she wakes. Been forty years,
and grief is glued to her. Anger rises

Benjamin Alire Sáenz

Traducción de Claudia Lucotti y Argel Corpus Guzmán

Resurrecciones

California
Cuaresma, 1990
Las piedras mismas cantarán[1]

Caminos incas, rotos. Las piedras puestas con perfección
sobre montañas de nieve tan reacia
que ni los soles intensos podían volverla agua.
Pero los incas podían domar esas montañas. Con un fuego
propio, sabían como derretir ese hielo.
Piedra a piedra, paso a paso, los antiguos
anduvieron por los senderos más altos del mundo. Piedras,
nudos apretados que ataban el mundo. Caminos, más arriba:
ahora las piedras están enterradas muy abajo como huesos
de incas señoriales. Ahí caminé descalza
sobre piedras frías. Los caminos perfectos otra vez
hasta despertar. Esos caminos, como las manos incas
que los hicieron, se rehusan a estarse quietos
en la tierra. Aflojan la tierra estéril.
*
Mi madre lo perdió joven, a su hermano mayor. Le dio
su nombre a mi hermano "porque en el momento en que nació
su nombre afloró en mis labios." Ricardo, "Un amigo
tomó una piedra, y le partió el cráneo,
y le partió el corazón a mi madre." Camina con él
por el sendero rumbo a la escuela. Ahí, al sol, él ríe
hasta que ella despierta. Hace ya cuarenta años,
y trae el dolor adherido. La ira penetra

---

1. Tomado de un himno de 1816 de James Montgomery "When Jesús Left His Father´s Throne."

in her voice: "But *here*," she grabs his picture,
"*Here* he is perfect. *Here* he is not broken."
*

The beer I drink is good tonight,
almost sweet, but cold. The dead are close.
Calm, I sit, touch the photographs of those
I walked with. Grandparents, uncles, not one
generation was spared. A brother. A niece.
In the country of their final exile
their legs will not cross the border.
Their feet will not touch my earth again
but tonight I hear their steps. I swallow,
must finish the beer I have started. *Take this*
all of you and drink. This is my blood. Tired,
I drink from the cup, take the cold, within me now,
and wrap myself in faces of the dead:
stones which form a path where I walk still.
*

The Mimbres buried their dead beneath their homes.
At night, softly, the buried
rose, re-entered the rooms of the living
as blankets woven with the heavy threads of memory,
blankets on which the Mimbres rested,
on which they slept, and dreamed.

su voz: "Pero *aquí*", agarra su retrato,
"*Aquí* está perfecto. *Aquí* no está roto."

*

La cerveza que tomo esta noche está buena,
casi dulce pero fría. Los muertos están cerca.
En calma, tomo asiento, toco las fotografías de aquellos
con los que caminé. Abuelos, tíos, no se salvó
ninguna generación. Un hermano. Una sobrina.
En el país de su exilio final
sus piernas no cruzarán la frontera,
sus pies no tocarán otra vez mi tierra,
pero esta noche oigo sus pasos. Trago,
debo acabar la cerveza que empecé. *Tomad*
y bebed todos de aquí. Ésta es mi sangre. Cansado,
bebo de la copa, tomo el frío, ahora dentro de mí,
y me envuelvo en las caras de los muertos:
piedras que forman un sendero donde aún camino.

*

Los Mimbres enterraban a sus muertos bajo sus casas.
De noche, calladamente, los enterrados
se levantaban, entraban otra vez en las habitaciones de los vivos
como cobijas tejidas con los pesados hilos de la memoria,
cobijas sobre las que los Mimbres descansaban,
sobre las que dormían, y soñaban.

To the Desert

I came to you one rainless August night.
You taught me how to live without the rain.
You are thirst and thirst is all I know.
You are sand, wind, sun, and burning sky,
The hottest blue. You blow a breeze and brand
Your breath into my mouth. You reach—then *bend*
Your force, to break, blow, burn, and make me new.[1]
You wrap your name tight around my ribs
And keep me warm. I was born for you.
Above, below, by you, by you surrounded.
I wake to you at dawn. Never break your
Knot. Reach, rise, blow, *Sálvame, mi dios,*
Trágame, mi tierra. Salva, traga,[2] Break me,
I am bread. I will be the water for your thirst.

---

1. The italicized lines are from "Batter my heart, three-personed God; for you," the 14th "Holy
   Sonnet" of John Donne (1572–1631).
2. (Spanish) "Save me, my God / Swallow me, my earth. Save, swallow."

Al desierto

Llegué a ti una noche de agosto, sin lluvia.

Sin lluvia me enseñaste a vivir.

Tú eres la sed y la sed es lo único que conozco.

Eres arena, viento, sol y cielo ardiente,

El azul más caliente. Soplas brisa y hierras

Tu aliento en mi boca. Te acercas: entonces *doblas*

Tu fuerza, para romperme, soplarme, quemarme, y hacerme nuevo.[1]

Atas tu nombre con fuerza alrededor de mis costillas, apretándolas,

Y me mantienes tibio. Nací para ti.

Arriba, abajo, rodeándote, de ti rodeado.

Al alba despierto y estás allí. Nunca rompas

Tu lazo. Alcanza, alza, sopla, *Sálvame, mi dios;*

Trágame, mi tierra. Salva, traga,[2] párteme,

Pan soy. Seré el agua para tu sed.

---

1. El verso en itálicas es un verso del soneto 14 de la serie Sonetos Sacros de John Donne (1572–1631)
2. En el original está en español.

Forrest Hamer

(n. 1956)

Down by the Riverside

Ain't goin study war no more
Ain't goin study war no more
Ain't goin study war no more

During the time Daddy was becoming Dad,
the armies and armies of green plastic soldiers
went on with their wars, my empire of the private
grown. Walter Cronkite tallied each day's casualties,
and my soldiers named themselves Americans or Viet Cong;
they zipped themselves up in long full bags or lay about
without their arms and legs. My soldiers bloodied themselves
with our garden's mud, and they did so under orders
from the eight-year-old sergeant whose father
had not been home in months.

And since I had not seen him,
even in the crowds laughing at Bob Hope jokes,
a new crowd each new place, I commanded
that the Army needed chaplains more than sergeants,
and the next Sunday I joined church, begged God
to help me lay down burdens and bring Dad home;
and that day I baptized each of my soldiers
in large garden puddles, blessed the crowd of them at
attention, and studied them not once more.

Forrest Hamer

Traducción de Argel Corpus Guzmán

Por la orilla del río

No estudiaré guerra nunca más
No estudiaré guerra nunca más
No estudiaré guerra nunca más

Durante los años en que papi se convertía en papá,
ejércitos y ejércitos de soldados verdes y de plástico
continuaban con sus guerras, mi imperio de soldados
maduros. Walter Cronkite contabilizaba las bajas de cada día,
y mis soldados escogían ser Americanos o del Vietcong.
Ellos mismos se metían en largas y repletas bolsas o yacían tendidos
sin brazos y piernas. Mis soldados se embadurnaban
lodo, el lodo de nuestro jardín, y lo hacían bajo las órdenes
de un sargento de ocho años, cuyo padre
no había estado en casa por meses.

Y ya que yo no lo había visto,
ni siquiera en las multitudes que se reían de los chistes de Bob Hope,
una nueva multitud en cada lugar, decidí
que el ejército necesitaba capellanes, y no sargentos.
El siguiente domingo fui a la iglesia, rogué a Dios
para que me ayudara a aligerar pesares y a traer a papá.
Ese domingo bauticé a cada uno de mis soldados
en los grandes charcos del jardín, los bendije
cuando estaban en firmes, y jamás volví a estudiarlos.

Goldsboro Narrative #7

Time was a boy, specially a black boy,
need to be whipped by his kin, teach him
not to act up, get hisself killt.
Folks did this cause they loved they boys.
The man laughs. And the boys would do what all
they could to get out of them whippings,
play like they was getting tore up,
some play like they was going to die.
My grandmama the first one that whipped me,
and she made me get my own switches.
If I come back to her with a switch too small,
she make me go right back and get a big one.
And she whipped me for that, too. He laughs.
I loved that woman, though. Sho did.

Narrativa Goldsboro #7

En otros tiempos un niño, especialmente un niño negro,
necesitaba ser azotado por su gente, ser enseñado
a no portarse mal, a no buscar su asesinato.
Su gente hacía esto porque amaban a sus niños.
El hombre ríe. Y los muchachos hacían cualquier cosa
para escapar de esas madrizas:
actuaban como si los estuvieran desgarrando,
hubo otros que actuaban como si fueran a morir.
Mi abuela fue la primera que me azotó,
me forzó a conseguir mis propias varas.
Si regresaba con una demasiado pequeña,
me obligaba a ir y conseguir una grande.
Y también me azotaba por eso. Ríe.
A pesar de todo, amé a esa mujer. Seguro que sí.

Li-Young Lee

(n. 1957)

The Gift

To pull the metal splinter from my palm
my father recited a story in a low voice.
I watched his lovely face and not the blade.
Before the story ended, he'd removed
the iron sliver I thought I'd die from.

I can't remember the tale,
but hear his voice still, a well
of dark water, a prayer.
And I recall his hands,
two measures of tenderness
he laid against my face,
the flames of discipline
he raised above my head.

Had you entered that afternoon
you would have thought you saw a man
planting something in a boy's palm,
a silver tear, a tiny flame.
Had you followed that boy
you would have arrived here,
where I bend over my wife's right hand.

Look how I shave her thumbnail down
so carefully she feels no pain.
Watch as I lift the splinter out.

Li-Young Lee

Traducción de Claudia Lucotti y Argel Corpus Guzmán

El obsequio

Para sacar de la palma de mi mano una astilla de metal
mi padre me recitó un cuento en voz baja.
Miré su rostro hermoso y no la navaja.
Antes de que terminara el cuento, él ya me había quitado
el trozo de hierro que pensé causaría mi muerte.

No me acuerdo bien del cuento,
pero aún oigo su voz, un pozo
de agua oscura, una plegaria.
Y recuerdo sus manos,
dos unidades de ternura
que apoyó contra mi cara,
las flamas de disciplina
que levantó sobre mi cabeza.

De haber estado esa tarde
hubieras pensado que el hombre
plantaba algo en la palma de un niño,
una lágrima de plata, una pequeña flama.
De haber seguido al niño
hubieras llegado aquí,
donde me inclino sobre la mano derecha de mi esposa.

Mira cómo le rebajo la uña del pulgar
con cuidado para que no le duela.
Ve cómo saco la astilla.

I was seven when my father
took my hand like this,

and I did not hold that shard
between my fingers and think,
Metal that will bury me,
christen it Little Assassin,
Ore Going Deep for My Heart.
And I did not lift up my wound and cry,
Death visited here!
I did what a child does
when he's given something to keep.
I kissed my father.

This Hour and What Is Dead

Tonight my brother, in heavy boots, is walking
through bare rooms over my head,
opening and closing doors.
What could he be looking for in an empty house?
What could he possibly need there in heaven?
Does he remember his earth, his birthplace set to torches?
His love for me feels like spilled water
running back to its vessel.

At this hour, what is dead is restless
and what is living is burning.

Someone tell him he should sleep now.

Yo tenía siete años cuando mi padre
tomó mi mano del mismo modo,

y no tomé ese fragmento
entre los dedos pensando
Metal que me va a enterrar
ni lo bauticé Pequeño Asesino,
Metal Que Se Clava Profundo en el Corazón.
Y no alcé mi herida ni grité,
¡Por aquí pasó la Muerte de visita!
Hice lo que hace un niño
cuando se le regala algo.
Besé a mi padre.

Esta hora y lo que está muerto

Esta noche mi hermano, con botas pesadas, está caminando
a través de cuartos vacíos sobre mi cabeza,
abriendo y cerrando puertas.
¿Qué podría estar buscando en una casa vacía?
¿Qué podría necesitar allá, en el cielo?
¿Acaso recuerda su tierra, el lugar de su nacimiento en llamas?
Su amor por mí se siente como agua desparramada
que regresa a su vasija.

A esta hora, lo que está muerto, está inquieto;
y lo que está vivo, se calcina.

Que alguien le diga que ya se duerma.

My father keeps a light on by our bed
and readies for our journey.
He mends ten holes in the knees
of five pairs of boy's pants.
His love for me is like his sewing:
various colors and too much thread,
the stitching uneven. But the needle pierces
clean through with each stroke of his hand.

At this hour, what is dead is worried
and what is living is fugitive.

Someone tell him he should sleep now.

God, that old furnace, keeps talking
with his mouth of teeth,
a beard stained at feasts, and his breath
of gasoline, airplane, human ash.
His love for me feels like fire,
feels like doves, feels like river-water.

At this hour, what is dead is helpless, kind
and helpless. While the Lord lives.

Someone tell the Lord to leave me alone.
I've had enough of his love
that feels like burning and flight and running away.

Junto a nuestra cama mi padre mantiene una luz encendida
y se prepara para nuestro viaje.
Él remienda diez hoyos que hay en las rodillas
de cinco pares de pantalones para niño.
Su amor por mí es como sus zurcidos:
varios colores y demasiado hilo,
las puntadas irregulares. Pero a cada golpe de su mano
la aguja atraviesa limpiamente.

A esta hora, lo que está muerto, está preocupado;
y lo que está vivo es fugitivo.

Que alguien le diga que ya se duerma.

Dios, ese viejo horno, sigue hablando
con su boca de dientes,
una barba manchada por las fiestas, y su aliento
a gasolina, avión, ceniza humana.
Su amor por mí se siente como fuego,
como palomas, como agua de río.

A esta hora lo que está muerto está desvalido, es amable
y está desvalido. Mientras el Señor vive.

Que alguien le diga al Señor que me deje en paz.
Ya tuve suficiente de su amor
que se siente como una quemazón y un vuelo y una huida.

Ned Balbo

(n. 1959)

Aristaeus Forgiven

> *Eurydice died...*
>> *That's where it often begins,*
> *but remember how she died, the adder's bite*
> *as she fled headlong from the lecherous*
>> *Aristaeus,*
> *the cause of it all, or, less clear-cut than that,*
> *mixed up somehow in the causes, part of them...*
>> —Virgil, *Georgics,* IV, David R. Slavitt, translator

I'd watched Eurydice, bees edging near
The bouquet as she reached out, shooed them off
And stepped back, laughing, steadied by her bridesmaids,
Meadow in bloom, fierce humming underfoot
And overhead, snake unseen till it struck
—Such grief. Was I the cause? Desire repressed,
I'd watched her from a grove but stood revealed
Only when it was too late, angry swarm
Confusing everyone, those panicked women,
Spirits of wood and water, shrieking out
Despair and accusations as I fled—
Could they be right? I wondered: had I called
The bees to act as I could not, an impulse
Toward destruction—*tear the veil away*—
Still unacknowledged as I rose to witness—
Cause the tragedy? And when my bees,
Queenless themselves, mere husks, were dying off
In waves, I should have known my luck had turned
Against me for good reason: secretly,
The angry women watched, waiting their turn,

Ned Balbo

Traducción de Gabriel Linares González

Aristeo perdonado

> *Eurídice murió...*
> *Ahí es donde frecuentemente empieza,*
> *pero recuérdese cómo murió, la mordedura de la víbora*
> *mientras escapaba imprudentemente del lujurioso*
> *Aristeo,*
> *la causa de todo, o, en términos menos tajantes,*
> *implicado en las causas, una parte de ellas...*
> —Virgilio, *Geórgicas*, IV

Yo había visto a Eurídice; las abejas se aproximaban
Al ramo de flores mientras ella extendía la mano, las ahuyentó
Y retrocedió, sonriendo; sus damas de compañía la calmaron;
La vega florecía, había un sonoro zumbido abajo
Y arriba; la serpiente, imperceptible hasta que atacó:
Tanto dolor. ¿Fui yo la causa? Reprimido el deseo,
La había estado viendo desde la arboleda, pero no se reveló mi presencia
Hasta que fue demasiado tarde; el enjambre enfurecido
Confundió a todo mundo; esas mujeres aterradas,
Espíritus del bosque y del agua, lanzaron a gritos
Desconsuelo y acusaciones mientras huía:
¿Tendrían razón?, me pregunté: ¿había yo convocado
A las abejas a actuar como yo no pude, en un impulso
Hacia la destrucción—*arrancar del velo*—
Aún no reconocido cuando me erguí para observar?
¿Causar la tragedia? Y cuando mis abejas,
Sin reina ellas mismas, ya puras cáscaras, se morían
En oleadas, yo debí haber sabido que mi suerte estaba
En contra mía por una buena razón: en secreto
Las enojadas mujeres observaban, esperando que llegara su momento,

A grief for a grief, while time and fortune brought
Vengeance against the uninvited guest,
Bridesmaids-in-mourning loyal to the end.
. What had I done, or not done? I'd forgotten,
Or fought back the thought, till Proteus
Reminded me. I flinched, but let him speak,
Tale garbled in the telling and retelling,
As I heard the rites that would appease
Mistaken enemies, though in my rage
I'm sure in time I would have sought the bulls
And heifers anyway, slaughtered them all,
And left them gutted somewhere, fury quenched
And vision darkened. *So this is forgiveness*,
I thought bitterly before the altar,
Newly purified....

             But when I placed
My hand inside the carcass where new bees
Had gathered in the wound, and felt the nectar
Oozing at my touch, I had to laugh
At such grotesque fulfillment of my prayers,
False respite, restoration that meant less
Than full forgiveness. No, my guilt would last
As long as flesh—grief, too—and more would follow
In the years to come, stung hand recoiling,
Sticky with gold, defiled, a bridesmaid's laughter
Almost audible, sun streaming down
On bloodied altar, carcass, living bees
And empty meadow, all the years ahead.

Un pesar por otro, mientras el tiempo y la fortuna cobraban
Venganza contra ese huésped inesperado;
Damas de compañía de luto, leales hasta el fin.
¿Qué había hecho?, ¿o qué no había hecho? Lo había olvidado
O había rechazado la idea, hasta que Proteo
Me lo recordó. Vacilé, pero lo dejé hablar
Una historia que se distorsiona al contarla y volverla a contar,
Mientras oía los rituales que aplacarían
A las equivocadas enemigas, aunque en medio de mi ira
Estoy seguro de que en algún momento habría buscado a los bueyes
Y a las vaquillas de todas formas, los habría sacrificado a todos,
Y los habría dejado destripados en alguna parte, la furia saciada
Y la vista nublada. *Conque esto es el perdón*,
Pensé con amargura ante el altar,
Recién purificado…

                  Pero cuando coloqué
La mano dentro de la res muerta donde nuevas abejas
Se habían juntado en la herida, y sentí el néctar
Rezumando a mi tacto, tuve que reírme
De que mis plegarias se cumplieran de semejante forma,
Un alivio temporal, una restauración que representaba menos
Que un perdón completo. No, mi culpa duraría
Tanto como la carne—la pena, también—y más se acumularía
En los años por venir; la mano, picada, que retrocede,
Pegajosa de oro, mancillada; la risa de una de las damas,
Casi perceptible; el sol despeñándose
En el altar ensangrentado; un cadáver, abejas vivas,
La vega vacía, todos los años por delante.

Second Circle

The Inferno, Canto V, Robert Pinsky's version

Hell in perpetual motion: hurricane
That twists us upward and apart, great wind
Unending, force that bears us, rends us limb
From aching limb, great storm, won't you slow down?
Won't you pause for one moment, let us fall
Once more against those rocks, however sharp
Below us, there to rest and catch our breath
As, in life, we did not? So many souls,
Such bodies passing over, couplings
Never to be re-lived, or never known,
So many who died strangers, more lost souls
Thrown past each other, pummelled for all time
By winds and cross-winds, calling out, alone,
To all those we would gladly touch again.

Segundo círculo

Infierno, canto v, versión de Robert Pinsky

Infierno en perpetuo movimiento: huracán
que nos retuerces, elevándonos y dividiéndonos, gran viento
incesante, fuerza que nos transporta, que nos arranca un doliente miembro
de otro, gran tormenta, ¿no aminorarás tu velocidad?
¿no te detendrás por un momento, nos dejarás caer
una vez más contra esas rocas, por agudas que,
bajo nosotros, sean, para allí descansar y recobrar el aliento
como, en vida, no lo hicimos? Tantas almas,
Tales cuerpos cruzando, uniones
nunca por ser revividas, o nunca conocidas,
tantos que murieron como extraños, más almas perdidas
arrojadas unas más allá de las otras, azotados por toda la eternidad
por vientos y vientos encontrados, llaman, solos,
a todos aquellos que con gusto tocaríamos de nuevo.

H. L. Hix

(n. 1960)

Selections from "Orders of Magnitude"

How do you like paradise so far? Stay.
Its charm burns off like morning rain. Crabs clean
these rocks by hand. You will regret feelings
so exquisite. Earth screamed our birth with fire:
the end will come when the sea loses count.
One god named the old island, another
will name the new. Teach me to lay my eggs
in sand, I'll teach you to breathe in the sea.
Watch for the silhouetted shearwater
at sunset zipping the horizon closed.

*

I confess I have failed you as the sun
in the far northern fall fails finally
and glows a slowly deeper, fainter blue
through leaning megaliths of quiet ice.
I confess I have secrets I still keep
the way a snowscape hides a polar bear.
I confess I am wicked as winter
is dark, cruel as frostbite. Long orphaned
as a child of god, I still have six sides,
and no one of me matches another.

*

H. L. Hix

Traducción de Mario Murgia Elizalde

Selecciones de "Órdenes de magnitud"

¿Qué te ha parecido el paraíso hasta ahora? Quédate.
Su encanto se quema como lluvia matutina. Los cangrejos limpian
estas rocas a mano. Te arrepentirás de sentimientos
tan exquisitos. La tierra gritó nuestro nacimiento con fuego:
el fin llegará cuando el mar pierda la cuenta.
Un dios dio nombre a la isla antigua, otro
dará nombre a la nueva. Enséñame a desovar
en la arena; yo te enseñaré a respirar en el mar.
Espera que la silueta de la pardela
en el ocaso cierre la cremallera del horizonte.

*

Confieso que te he fallado así como el sol
en la lejana cascada boreal falla al final
y brilla lento con un azul más profundo, más débil
a través de inclinados megalitos de hielo mudo.
Confieso que poseo secretos que todavía guardo
así como el paisaje nevado esconde un oso polar.
Confieso que soy malévolo así como el invierno
es umbroso, cruel como el helamiento. Huérfano hace tiempo
como un hijo de dios, aún tengo seis lados,
y ninguno de mí corresponde a otro.

*

I make it my principle to watch you
undress. When you bend for a sock, I count
your vertebrae. I know your underwear
from ten feet, I have pet names for each pair:
Lucky, Climber, Omigod. I make it
my principle to be first in bed, last
to close my eyes. I count your breaths. Some nights
I reach a thousand before I can stop.
If I could die watching you, I would make
it my principle to shorten my life.

*

How could I taste her lips and not my own?
How could I feel her thigh around my thigh
but not mine around hers? How could I smell
her hair but not my nose, feel her rough felt
and inferno but not feel my finger,
and taste the sweet dew morning envies her
but not taste my own tongue? How disappear
so wholly into her without naming
the cries my very spine hears as only
from her, without feeling my breathing stop?

*

Songs surround us, but we hardly hear them.
Laughing girls speak in rapid Japanese.
The neighbor's sprinkler fortes for the part
of its arc that frets the climbing rose. Crows
bicker. One woman practices her scales,
a cappella. Another sobs. Windchimes
domino the direction of each gust.
A broom rasps across warped, weathered porch boards.

He convertido en un precepto el verte
desnudarte. Cuando te agachas por una media, cuento
tus vértebras. Reconozco tu ropa interior
a tres metros; le he puesto apodo a cada prenda:
Feliz, Trepador, Santodios. He convertido
en un precepto ser el primero en la cama, el último
en cerrar los ojos. Cuento tus respiros. Algunas noches
llego a mil antes de poder acabar.
Si pudiera morir observándote, convertiría
en un precepto acortar mi vida.

*

¿Cómo podría saborear sus labios y no los míos?
¿Cómo podría sentir su muslo alrededor de mi muslo
pero no el mío alrededor del suyo? ¿Cómo podría oler
su cabello pero no mi nariz, sentir su áspero fieltro
e infierno pero no sentir mi dedo,
y saborear la envidia que le tiene el dulce rocío matutino,
pero no saborear mi propia lengua? ¿Cómo desaparecer
tan completamente en ella sin nombrar
los gritos que mi espina misma oye sólo
de ella, sin sentir que dejo de respirar?

*

Estamos rodeados de canciones, pero apenas las oímos.
Las chicas ríen y hablan rápido en japonés.
El rociador del vecino batalla por alcanzar la parte
de su arco que inquieta a la rosa ascendente. Los cuervos
riñen. Una mujer hace vocalizaciones,
a capella. Otra solloza. Las campanillas de viento
señalan como fichas de dominó la dirección de cada ráfaga,
una escoba araña los tablones chuecos y gastados de los porches.

I did it, Mama, a child says. Songs fall
on us as feathers fall on a river.

*

The god of mathematics must have felt
this frustration when he fractaled feathers
enough for the first flight, then watched from earth.
I have serried here every syllable,
numbered everything I know and then some,
but still late snow blackens these bare branches
as it melts to mud, still skeletal dogs
stare from roadsides, already my digits
number my days with painful rigidity.
I have not said what I wanted to say.

Ya pude, mamá, dice una criatura. Las canciones caen
sobre nosotros como las plumas caen sobre el río.

*

El dios de la matemática debió sentir
tal frustración cuando, con fractales, hizo suficientes
plumas para el primer vuelo y luego se quedó mirando desde tierra.
He embutido aquí cada sílaba,
he numerado todo lo que sé y hasta más,
pero aun así la nieve tardía ennegrece estas ramas desnudas
al fundirse en lodo, aun así perros esqueléticos
observan desde la vera del camino, aun así mis dígitos
cuentan mis días con dolorosa rigidez.
No he dicho lo que quería decir.

Kate Light

(n. 1960)

Safe-T-Man

> *This unique security product looks incredibly*
> *real, with moveable latex head and hands, and air-*
> *brushed facial highlights.*   —advertisement

If safety can be had from hollow men
whom one can place to fill the empty chair,
let's leave them to their task of sitting, then,
while I'll these blow-up men to you compare:
> Far off you pose, endangered, rare—
> and, coated as you are with scent and skin,
> you are surely filled with hotter air;
> still, neither heart can quite admit me in.
> Though Safe-T-Man can dress for many roles—
> wearing hats for winter or for tropic breezes—
> in commuter lanes, the *real* men can count tolls;
> yet…do not fold to fit precisely in valises.
To buy or not to buy the button-on legs—?
Can anyone be safe? the question begs.

Kate Light

Traducción de Ana Elena González Treviño

"Seguri-man"

*Este original producto de seguridad es de un realismo
impresionante, con cabeza y manos móviles de látex y rasgos
faciales aplicados con pintura de aerosol.* —anuncio

Si dan seguridad los hombres huecos
nada más con sentarlos a tu lado,
que cumplan su misión de estar sentados:
mientras yo a un hombre inflable te comparo.
    Posas de lejos, peligrando, raro—
    Forrado como estás de piel y aroma,
    el aire que te llena es más caliente,
    pero ¿llegarte al corazón? no hay forma.
Seguri-man adopta muchos roles
    con sombrero invernal o de verano;
    los hombres *de verdad* pagan las cuotas,
    pero, ay, no se guardan ni se doblan.
¿Comprar o no piernas abotonables?
¿Quién puede estar a salvo? La pregunta implora.

I Conclude a Sonnet Never Changed

I conclude a sonnet never changed
a mind, or moved a heart, or opened a locked
door. If such could be so readily arranged,
poems could not possibly stay stocked.
Pockets would be filled and pillows swarmed.
Oh no, a sonnet never swung a gate,
cracked a safe, or left a bomb disarmed.
It never swam a moat, or pried a crate.
Or rather, whom it moved, at any rate,
was accidental; a side effect, some poor
someone tugged at when its influence, its weight,
its pool of moonlight revealed a midnight shore.
Yes, then, it may have changed a life, or more;
but not the one it was *intended* for.

Deduzco que un soneto no ha cambiado

Deduzco que un soneto no ha cambiado
una mente, un corazón, ni abierto puertas.
Si esas cosas pasaran con frecuencia
no habría tantos poemas empolvados.
Sólo bolsas y almohadas rebosantes.
No, un soneto jamás ha abierto rejas,
cajas fuertes, desactivado bombas,
cruzado fosas, destrozado cajas.
Más bien, si acaso conmovió a alguien,
fue accidental, efecto secundario,
que algún pobre sintió cuando su influencia, su peso, luz de luna,
le reveló una playa a medianoche.
Sí, quizá haya cambiado alguna vida, o más,
pero no a la que estaba *dirigido*.

Denise Duhamel

(n. 1961)

Bird

for Denise B.

Your mother loomed all hips and breasts,
big mad curves like boomerangs
always coming back, while you sat in front of your plate
taking small bites, chewing a bit,
then spitting the food back out.
You were in junior high, starting to read—
how women were always on a diet:
refraining from taking late night walks, restricted
from getting their own credit cards, maybe working construction.
That was pop-politics, your mother said
the day she was tired, and the run in her stocking made her cry.
You would never be her, you commanded your body
when you noticed your hip jutting from your waist
and the first bit of fat on your chest—
straining toward that mortal hour glass,
that sandy digestion. Birds eating rocks
because they don't have knives or forks.
"She eats like a god damn bird," you father complained,
always talking about you in the third person.
"I don't need anyone," you might have said, over and over,
sometimes aloud, sometimes to yourself until your periods stopped
and your breasts flattened back to how they were
when you were a little girl, running in the front yard
without a shirt. Until you were in the rehab
and you realized your bones would never be hollow,

Denise Duhamel

Traducción de Ana Elena González Treviño

Pájaro

Para Denise B.

Tu madre, toda pechos y caderas, se cernía sobre ti,
Curvas enormes y alocadas como búmerangs
Que siempre regresaban, mientras tú te sentabas frente al plato
Dando mordidas pequeñas, masticando un poco,
Para luego escupir la comida.
Estabas en secundaria, empezabas a leer—
De mujeres que siempre están a dieta:
Que se abstienen de pasearse por la noche, se restringe
Su derecho a tener tarjetas propias y al trabajo en construcciones.
Eso era populismo, solía decir tu madre
Cuando estaba cansada, y si se le iba la media, lloraba.
Tú nunca serías ella, tú eras el ama de tu cuerpo
Al notar la cadera picuda salir de la cintura
Y la primera grasa del pecho—
Buscando sin remedio la figura letal del reloj de arena,
Esa digestión de arena. Aves comiendo rocas,
Pues no tienen tenedores ni cuchillos.
"Come como un maldito pájaro," se quejaba tu padre,
siempre hablando de ti en tercera persona.
"No necesito a nadie," podrías haber dicho, una y otra vez,
a veces en voz alta, a veces baja, cuando se te quitaron las reglas
y tus pechos volvieron a aplanarse como antes,
como cuando eras una niñita que corría en el patio
sin blusa. Hasta la clínica de rehabilitación
cuando supiste que tus huesos jamás estarían huecos,

your hospital smock like a spotless bib tied around your neck.
"This is no bimbo disease," one nurse said absently to another
as she hooked you to the tube, a robin feeding its baby
a worm. And when no one was looking,
you turned your spiny back to winter, the crack of an open window,
and tried your best to catch pneumonia. A thin
coat of feathers grew over you, trying to save you.

Mr. Donut

They tumble from closing bars into here.
Uninspired men nicknamed for their hair:
Whitie, Red; the bald one, Flesh.

What a way to save to go to Europe.
But that's what I'm doing,
the donut waitress taking advantage
of drunks. I look through
the fatty blurred window,
remind them often of my aspirations,
drum on the counter top: I am not like them.

Red's got a novelty passport
and motions me over. He thinks
his finger's alluring as Cape Cod,
the farthest I bet he's ever gone.
"Guess where I've been?"

la bata de hospital como un babero inmaculado atado al cuello.
"Ésta no es enfermedad de tontas," le dijo una enfermera distraída a otra,
mientras te ensartaban el tubo, un petirrojo dando una lombriz
a su polluelo. Y cuando nadie te veía,
volvías al invierno tu espalda huesuda, a la rendija de una ventana abierta,
procurando pescar pneumonía. Te cubrió
una fina pelusa de plumas tratando de salvarte.

Traducción de Mario Murgia Elizalde

El Sr. dona

Llegan tambaleándose cuando les cierran los bares.
Hombres obtusos a quienes apodan por su cabello:
el Cebollón, el Cerillo; el calvo, el Rodilla.

Valiente manera de ahorrar para ir a Europa.
Pero eso es lo que soy,
la mesera que sirve donas y se aprovecha
de los borrachos. Miro por
la ventana empañada de grasa,
les recuerdo a menudo mis aspiraciones,
tamborileo sobre el mostrador: no soy como ellos.

El Cerillo tiene un pasaporte de broma
y me llama para que lo vea. Cree
que su dedo es igual de atractivo que Cape Cod,
de seguro lo más lejos que ha llegado.
"¿A dónde crees que fui?"

he slurs and has me open the blue book.
A rubber jack-in-the-box penis pops out.

I think of adding sugar to the diabetics' coffee
when they laugh, describing their naked wives.
Twenty-four hours, any day, they know here they can.
There's not even a lock on the Mr. Donut door.
So when there's a fight on the corner, Flesh tells me
to call the police from the phone in back:
"If the bikers see you finking, they'll get your ass."

From behind the muffin case, the motorcycle clash
looks like a home movie: skipping loops, a volume lapse
as bikes are kicked over, heads smashed.
The blood puddles slowly, graying.
Connie strolls in, her lipstick all crazy:
the fight's over her. She wants a light.
I know she'll stain the rim of her cup.

But they all leave big bills under the saucers,
and I get to read the few
quiet hours before dawn.

masculla y me pone a abrir la libreta azul.
Un pene de plástico salta de entre las páginas.

Quisiera ponerle azúcar al café de los diabéticos
cuando se ríen al describir a sus esposas desnudas.
Las veinticuatro horas, todos los días, saben que aquí sí pueden.
Ni siquiera hay cerrojo en la puerta del Sr. Dona.
Entonces, cuando hay bronca en la esquina, el Rodilla me dice
que llame a la policía del teléfono de atrás:
"Si los motociclistas ven que vas con el chisme, te la van a partir".

Desde atrás de la panera, el encuentro de motocicletas
parece una película casera: saltos y cortes, fallas de sonido
cuando tiran las motos a patadas, golpes en la cabeza.
La sangre se encharca lentamente, se hace gris.
Connie entra despreocupada, con el labial todo embarrado:
la bronca es por ella. Quiere lumbre.
Sé que va a manchar el borde de su taza.

Pero todos dejan buenas propinas bajo los platos,
y siempre puedo leer en las pocas
horas de silencio antes del alba.

Rafael Campo

(n. 1964)

Oysters

Your concentration while you're shucking them
Is fierce: they fight against your prying blade,
As if intent to guard some plumbless gem
Of truth. I squeeze some fruit for lemonade;
The yellow rinds become a fragrant pile.
More scraping from the deck, a stifled curse—
You bring me one, the frilly muscle pale,
Defeated, silent in its briny juice
Like sweat expended in the effort to
Remain inviolate. I slurp it down,
One dose of aphrodisiac, and you
Return to your grim work, all Provincetown
Draped out below you, edge of the known world.
I see what is left: bone-white, hollow-shelled.

Rafael Campo

Traducción de Gabriel Linares González

Ostras

La concentración que pones para abrirlas
es feroz: pelean contra tu cuchilla invasora
como si fuera su intención guardar alguna impoluta gema
de verdad. Yo exprimo limones para hacer agua,
las cáscaras amarillas se apilan en un fragante montón.
El rasgar de la cuchilla en la cubierta, y una maldición reprimida—
Me traes una, músculo escarolado, pálido,
derrotado, silente en su salado jugo,
que es como sudor invertido en el esfuerzo
por permanecer inviolado. Me la como de un sorbo,
una dosis de afrodisiaco, y tú
vuelves a tu siniestra labor, toda Provincetown
se despliega a tus pies, el borde del mundo conocido.
Veo lo que queda: color hueso, con una concha hueca.

El Día de los Muertos

In Mexico, I met myself one day
Along the side of someone's private road.
I recognized the longing in my face,
I felt the heavy burden of the load
I carried. Mexico, I thought, was strange
And very dry. The private road belonged
To friends more powerful than I, enraged
But noble people who like me sang songs
In honor of the dead. In Mexico,
Tradition is as heavy as the sun.
I stared into my eyes. Some years ago,
I told myself, I met a handsome man
Who thought that I was Mexican. The weight
Of some enormous pain, unspeakable
Yet plain, was in his eyes; his shirt was white,
So white it blinded me. After it all
Became more clear, and we were making love
Beneath the cool sheet of the moon, I knew
We were alive. The tiny stars above
Seemed strange and very far. A dry wind blew.
I gave myself to him, and then I asked
Respectfully if I might touch his face.
I did not want to die. His love unmasked,
I saw that I had slept not with disgrace
But with desire. Along the desert road,
A cactus bloomed. As water filled my eyes,
I sang a song in honor of the dead.
They came for me. My grief was like a vise
And in my blood I felt the virus teem.

El día de los muertos

En México, me encontré conmigo un día
junto al camino a casa de alguien.
Reconocí la añoranza en mi rostro,
sentí el gran peso de la carga
que arrastraba. México, pensé, era extraño
y muy seco. Aquel camino pertenecía
a unos amigos más poderosos que yo, gente
colérica pero noble que como yo cantaba canciones
en honor a los muertos. En México,
las tradiciones pesan lo mismo que el sol.
Me miré directo a los ojos. Hace algunos años,
me dije, conocí a un hombre apuesto
que pensó que yo era mexicano. El peso
de algún dolor inmenso, indecible
aunque evidente, se veía en sus ojos; su camisa era blanca,
tan blanca que me cegaba. Cuando todo
se aclaró aun más, e hicimos el amor
bajo la fresca sábana de la luna, supe
que estábamos vivos. Las minúsculas estrellas del cielo
lucían extrañas y muy lejanas. Sopló un viento seco.
Me entregué a él, y luego le pregunté
con respeto si podía tocar su cara.
Yo no quería morir. Al desenmascarar su amor,
vi que no había dormido con vergüenza
sino con deseo. Sobre el camino desértico,
florecía un cactus. Al llenarse mis ojos de agua,
canté una canción en honor a los muertos.
Llegaron por mí. Mi dolor era como una prensa,
y en mi sangre sentí el virus cundir.

My noble friends abandoned me beside
The road. The sun, awakened from its dream,
Rose suddenly. I watched it as I died,
And felt the heaviness of all its gold.
I listened for the singing in the distance.
A man walked toward me. The story he told
Seemed so familiar, pained, and so insistent,
I wished I would live long enough to hear
Its end. This man was very kind to me.
He kissed me, gave me water, held me near.
In Mexico, they sing exquisitely.

Mis nobles amigos me abandonaron junto al
camino. El sol, apartado de su sueño,
se levantó de pronto. Lo observé mientras moría
y sentí el peso de todo su oro.
Me puse a escuchar los cantos a la distancia.
Un hombre se acercó a mí. La historia que me contó
me pareció tan conocida, dolorosa y apremiante,
que deseé vivir lo suficiente para escuchar
el final. Aquel hombre fue muy bueno conmigo.
Me besó, me dio agua, me estrechó contra sí.
En México se canta deliciosamente.

Sherman Alexie

(n. 1966)

The Exaggeration of Despair

I open the door

(this Indian girl writes that her brother tried to hang himself
with a belt just two weeks after her other brother did hang himself

and this Indian man tells us that back in boarding school,
five priests took him into a back room and raped him repeatedly

and this homeless Indian woman begs for quarters, and when I ask
her about her tribe, she says she's horny and bends over in front of me

and this homeless Indian man is the uncle of an Indian man
who writes for a large metropolitan newspaper, and so now I know them both

and this Indian child cries when he sits to eat at our table
because he had never known his own family to sit at the same table

and this Indian woman was born to an Indian woman
who sold her for a six-pack and a carton of cigarettes

and this Indian poet shivers beneath the freeway
and begs for enough quarters to buy pencil and paper

Sherman Alexie

Traducción de Gabriel Linares González

La exageración de la desesperanza

Abro la puerta

(esta chica india escribe que su hermano trató de colgarse
con un cinturón apenas dos semanas después de que su otro hermano se colgó

y este indio nos dice que cuando estaba en el internado
cinco sacerdotes se lo llevaron a un cuarto de atrás y lo violaron varias veces

y esta india sin hogar se dedica a pedir limosna, y cuando le pregunto
por su tribu, me dice que anda caliente y se agacha delante de mí

y este indio sin hogar es tío de un indio
que escribe para un gran periódico de la ciudad, así que ahora ya los conozco
        a los dos

y este niño indio llora cuando se sienta con nosotros a la mesa
porque nunca supo lo que era que su familia se sentara en la misma mesa

y esta india le nació a una india
que la vendió por un seis de cerveza y un paquete de cigarros

y este poeta indio tirita debajo de la autopista
y pide limosna para juntar el suficiente dinero para comprar papel y lápiz

and this fancydancer passes out at the powwow
and wakes up naked, with no memory of the evening, all of his regalia gone

and this is my sister, who waits years for an eagle, receives it
and stores it with our cousins, who then tell her it has disappeared

and this is my father, whose own father died on Okinawa, shot
by a Japanese soldier who must have looked so much like him

and this is my father, whose mother died of tuberculosis
not long after he was born, and so my father must hear coughing ghosts

and this is my grandmother who saw, before the white men came,
three ravens with white necks, and knew our God was going to change)

and invite the wind inside.

Ceremonies

Seymour and I steal the Bartender's car and drive
down the Crazy Horse Highway
until an ice cream truck cuts us off and I'm halfway into the
twenty-third wreck of my life, Seymour yelling drive goddamn
       it, drive, we come to a stop in the middle
of a wheat field,
Seymour upside-down in the back seat while I study the exact
sculpture of my face smashed
into the glass of the windshield and Seymour asks me

y este chico que bailó en el festival pierde el sentido
y se despierta desnudo, sin recordar lo que pasó la noche anterior, y todo su
    atuendo ha desaparecido

y esta es mi hermana, que espera por años un águila, se la dan,
y la guarda con sus primos, que luego le dicen que desapareció

y este es mi padre, cuyo propio padre murió en Okinawa, bajo el fuego
de un soldado japonés que debe haberse parecido tanto a él

y este es mi padre, cuya madre murió de tuberculosis
no mucho después de que él nació, y por eso mi padre ha de oír fantasmas
    que tosen

y esta es mi abuela, que vio, antes de que llegaran los blancos
tres cuervos de cuello blanco, y supo que iba a cambiar nuestro Dios)

e invito al viento a entrar.

Ceremonias

Seymour y yo nos robamos el coche del Cantinero y lo vamos manejando
por la carretera de Caballo Loco
hasta que un camión de helados se nos atraviesa y me encuentro a medio
    camino del
accidente número veintitrés de toda mi vida, mientras Seymour grita
maneja carajo
        maneja, nos detenemos en medio
de un trigal,
Seymour de cabeza en el asiento de atrás, mientras yo estudio la precisa
escultura de mi rostro estrellado
en el cristal del parabrisas y Seymour me pregunta

if I'm dead yet and I say no
give me a beer, but before he can, an Asian man dressed in black reaches
through the window and whispers something about his wife,
     missing
for years somewhere
near Minidoka, Idaho and then I recognize him he's the same
one who walks the reservation road
carrying six garbage bags filled with old clothes and shoes
he lines them up,
picks up the last one in line, walks it to the front,
     sets it down
next to the others
then walks back and picks up the last bag again, walks to the front
and sets it down again, over and over
for miles, doing it for years and he reaches back into the
window of the car asks me if I've seen his wife and I say no,
     but do you need a ride
somewhere, and he shakes his head
points in no direction at all but in the exact direction
he needs to go
and I understand that look in his eyes, his vision still cut by
     chain link fence
and dust and dreams,
the kind Seymour calls Crazy Horse dreams, the kind that
     don't come true
just like my father,
who lost a gold tooth in the forty-sixth wreck of his life
somewhere in Ford Canyon
and he spends a few hours every week with a metal detector,
scanning the ground
for that missing part, the part that came out whole and bloodless,
but fills you up with how much it stays gone.

si me morí y le digo no

dame una cerveza, pero antes de que me la pueda dar, un asiático vestido de

negro mete la mano

por la ventana y susurra algo sobre su esposa,

        desaparecida

desde hace muchos años

por Minidoka, Idaho, y entonces lo reconozco es el mismo

que anda por el camino de la reservación

con seis bolsas de basura llenas de ropa y zapatos viejos

las pone en fila,

toma la última, camina con ella al frente,

        la pone en el suelo

junto a las otras

y entonces regresa, toma la última otra vez, camina al frente

y la pone en el suelo de nuevo, otra vez y otra vez

durante millas, y lo hace por años y mete la mano de nuevo por la

ventana del coche me pregunta si he visto a su esposa y le digo no

        pero no quiere que lo llevemos

a algún lado y mueve la cabeza

y no señala hacia ninguna dirección sino hacia aquella

a la que necesita ir

y entiendo esa mirada que tiene, su visión cortada por

        malla de alambre

y polvo y sueños,

esos que Seymour llama sueños de Caballo Loco, esos que

        no se realizan

como mi padre

que perdió un diente de oro en el accidente número cuarenta y seis de su vida

en algún lugar de Ford Canyon

y se pasa unas horas a la semana con un detector de metales

buscando por el terreno

la parte que le falta, la parte que salió entera y sin sangre,

pero que te llena con toda su constante ausencia.

Diane Thiel

19 April 2006   (n. 1967)

The Minefield

He was running with his friend from town to town.
They were somewhere between Prague and Dresden.
He was fourteen. His friend was faster
and knew a shortcut through the fields they could take.
He said there was lettuce growing in one of them,
and they hadn't eaten all day. His friend ran a few lengths ahead,
like a wild rabbit across the grass,
turned his head, looked back once,
and his body was scattered across the field.

My father told us this, one night,
and then continued eating dinner.

He brought them with him—the minefields.
He carried them underneath his good intentions.
He gave them to us—in the volume of his anger,
in the bruises we covered up with sleeves.
In the way he threw anything against the wall—
a radio, that wasn't even ours,
a melon, once, opened like a head.
In the way we still expect, years later and continents away,
that anything might explode at any time,
and we would have to run on alone
with a vision like that
only seconds behind.

Diane Thiel

Traducción de Mario Murgia Elizalde

Campo minado

Corría con su amigo de ciudad en ciudad.
Estaban en algún lugar entre Praga y Dresde.
Él tenía catorce años. Su amigo era más veloz
y conocía un atajo que podían tomar entre los campos.
Dijo que cultivaban lechugas en uno de ellos,
y no habían comido en todo el día. Su amigo se adelantó corriendo,
cual conejo desmandado entre la hierba;
giró la cabeza, miró hacia atrás una vez,
y su cuerpo quedó esparcido por todo el campo.

Mi padre nos lo contó, una noche,
y luego siguió cenando.

Los llevaba consigo, los campos minados.
Los cargaba bajo sus buenas intenciones.
Nos los dio, en todo el peso de su ira,
en los moretones que nos cubríamos con las mangas.
En la manera en que lanzaba cosas contra la pared:
un radio, que ni siquiera era nuestro;
un melón que, una vez, se partió como cabeza.
En la manera en que todavía esperamos, años después y a continentes de
    distancia,
que algo explote en cualquier momento,
para seguir corriendo solos
con una visión así
sólo unos segundos detrás.

South Beach Wedding

On Saturday, we walked Miami Beach,
together searching any quiet streets
and came upon a church tucked in between
the Deco, where a little garden wedding
was being held. We couldn't help but move
a little closer. We must have been in love,
the way we neared to hear their vows—

CUT! CUT!
Stop the scene! What's with the two of you? Can't
you see we're filming here? Security!
The groom began to curse the summer heat.
The bride said she was melting in her dress.
Escorted firmly from the premises,
we heard the words ring out—*The Wedding Scene*
take twenty-nine. Let's get it right this time!

Boda en South Beach

El sábado al peinar Miami Beach,
buscando entre las dos calles calladas,
fuimos a dar a una iglesia escondida
donde una boda de jardín pequeña
se celebraba. Tuvimos que acercarnos
un poco más. Estando enamorados,
queríamos oírlos—
       ¡CORTE, CORTE!
¡Paren la escena! ¿Qué les pasa? ¿No ven
que estamos filmando? ¡Seguridad!
El novio maldijo el calor del verano.
El vestido de la novia la asfixiaba.
Y mientras nos sacaban escoltados
oímos decir—*La escena de la Boda,*
toma veintinueve. Que ahora sí salga.

Suji Kwock Kim

(n. 1968)

Monologue for an Onion

I don't mean to make you cry.
I mean nothing, but this has not kept you
From peeling away my body, layer by layer,

The tears clouding your eyes as the table fills
With husks, cut flesh, all the debris of pursuit.
Poor deluded human: you seek my heart.

Hunt all you want. Beneath each skin of mine
Lies another skin: I am pure onion—pure union
Of outside and in, surface and secret core.

Look at you, cutting and weeping. Idiot.
Is this the way you go through life, your mind
A stopless knife, driven by your fantasy of truth,

Of lasting union—slashing away skin after skin
From things, ruin and tears your only signs
Of progress? Enough is enough.

You must not grieve that the world is glimpsed
Through veils. How else can it be seen?
How will you rip away the veil of the eye, the veil

Suji Kwock Kim

Traducción de Gabriel Linares González

Monólogo para una cebolla

No es mi intención hacerte llorar.
No tengo intención alguna, pero eso no te ha impedido
Pelar mi cuerpo hasta el fin, capa por capa,

Mientras las lágrimas empañan tus ojos, la mesa se llena
De cáscaras, de trozos de piel, los desechos de la búsqueda.
Pobre humano despistado: buscas mi corazón.

Hurga todo lo que quieras: debajo de cada piel mía
Hay otra piel: soy pura cebolla: pura cebolla
Por dentro y por fuera, superficie y secreto centro.

Mírate, cortando y llorando. Idiota.
¿Así es como vives: tu mente,
un imparable cuchillo, impulsado por tu ilusión de verdad,

de unión perdurable; quitando a cuchilladas capa tras capa
de las cosas, y los despojos y las lágrimas las únicas señales
de tu progreso? Ya basta.

No debes lamentarte de que el mundo se vislumbre
A través de velos. ¿De qué otro modo puede verse?
¿Cómo se desgarra el velo del ojo, el velo

That you are, you who want to grasp the heart
Of things, who want to know where meaning
Lies. Taste what you hold in your hands: onion juice,

Yellow peels, my stinging shreds. You are the one
In pieces. Whatever you meant to love, in meaning to
You changed yourself: you are not who you are,

Your soul cut moment to moment by a blade
Of fresh desire, the soil strewn with abandoned skins.
And at your inmost circle, what? A core that is

Not one. Poor fool, you are divided at the heart,
Lost in its maze of chambers, blood, and love,
A heart that will one day beat you to death.

Occupation

The soldiers
are hard at work
building a house.
They hammer
bodies into the earth
like nails,
they paint the walls
with blood.
Inside the doors

que tú eres?, tú, que quieres asir el corazón
de las cosas, que quieres saber dónde se encuentra
el sentido. Prueba lo que tienes en las manos: jugo de cebolla

cáscaras amarillas, mis acres retazos. Tú eres el que
está hecho pedazos. En todo aquello que fue tu intención amar, con la
   intención
te transformaste a ti mismo: no eres el que eres,

tu alma, cortada en todo momento por una cuchilla
de fresco deseo; el suelo regado de piel abandonada
y en la parte más interna, ¿qué? Un núcleo que no

es. Pobre tonto, dividido en su corazón,
perdido en su laberinto de cámaras, sangre y amor,
un corazón que un día te gastará entero en su último latido.

Traducción de Mario Murgia Elizalde

Labores

Los soldados
trabajan sin parar
para construir una casa.
Martillan cuerpos
en la tierra
como clavos;
pintan las paredes
con sangre.
Adentro las puertas

Suji Kwock Kim   291

stay shut, locked
as eyes of stone.
Inside the stairs
feel slippery,
all flights go down.
There is no floor:
only a roof,
where ash is falling—
dark snow,
human snow,
thickly, mutely
falling.
Come, they say.
This house will
last forever.
You must occupy it.
And you, and you—
And you, and you—
Come, they say.
There is room
for everyone.

quedan cerradas, tapiadas
como ojos de piedra.
Adentro las escaleras
se sienten resbalosas;
todo escalón desciende.
No hay piso:
sólo un techo
en el que caen cenizas—
nieve oscura,
nieve humana,
que cae
densa, muda.
Ven, me dicen.
Esta casa durará
por siempre.
Tienes que habitarla.
Y tú y tú—
y tú y tú—
Ven, me dicen.
Hay lugar
para todos.

A. E. Stallings

(n. 1968)

Hades Welcomes His Bride

Come now, child, adjust your eyes, for sight
Is here a lesser sense. Here you must learn
Directions through your fingertips and feet
And map them in your mind. I think some shapes
Will gradually appear. The pale things twisting
Overhead are mostly roots, although some worms
Arrive here clinging to their dead. Turn here.
Ah. And in this hall will sit our thrones,
And here you shall be queen, my dear, the queen
Of all men ever to be born. No smile?
Well, some solemnity befits a queen.
These thrones I have commissioned to be made
Are unlike any you imagined; they glow
Of deep-black diamonds and lead, subtler
And in better taste than gold, as will suit
Your timid beauty and pale throat. Come now,
Down these winding stairs, the air more still
And dry and easier to breathe. Here is a room
For your diversions. Here I've set a loom
And silk unraveled from the finest shrouds
And dyed the richest, rarest shades of black.
Such pictures you shall weave! Such tapestries!
For you I chose those three thin shadows there,
And they shall be your friends and loyal maids,
And do not fear from them such gossiping
As servants usually are wont. They have

A. E. Stallings

Traducción de Mario Murgia Elizalde

Hades recibe a su esposa

Venid, criatura, acostumbrad vuestros ojos, porque la vista
Aquí es un sentido menor. Aquí debéis aprender a encontrar
El camino con las yemas de los dedos y los pies
Y trazar un mapa en vuestra mente. Creo que algunas formas
Aparecerán poco a poco. Aquellas cosas pálidas que se retuercen
Allá arriba son raíces en gran parte, aunque algunos gusanos
Llegan hasta acá, aferrados a sus muertos. Dad vuelta.
Ah. Y en este salón se encontrarán nuestros tronos,
Y aquí seréis reina, querida mía, la reina
De todos los hombres que habrán de nacer. ¿No sonreís?
Bien, algo de solemnidad le va bien a las reinas.
Los tronos que he encargado hacer
No son como ninguno que hayáis imaginado; refulgen
Con negrísimos diamantes y plomo, más delicados
Y de mejor gusto que el oro, y en armonía
Con vuestra tímida belleza y vuestra pálida garganta. Bajad aquí,
Por estos caracoleados escalones: el aire es más calmo,
Seco y fácil de respirar. Aquí está un salón
Para vuestro entretenimiento. He dispuesto aquí un telar
Y seda deshilada de las más finas mortajas,
Teñida con los más ricos y exóticos tonos de negro.
¡Las imágenes que tejeréis! ¡Los tapices!
Para vos he elegido aquellas tres delgadas sombras;
Ellas serán vuestras amigas y fieles doncellas.
No temáis de su parte aquellos chismes
A los que la servidumbre es con frecuencia afecta. No tienen

Not mouth nor eyes and cannot thus speak ill
Of you. Come, come. This is the greatest room;
I had it specially made after great thought
So you would feel at home. I had the ceiling
Painted to recall some evening sky—
But without the garish stars and lurid moon.
What? That stark shape crouching in the corner?
Sweet, that is to be our bed. Our bed.
Ah! Your hand is trembling! I fear
There is, as yet, too much pulse in it.

Study in White

A friend, an artist, phoned me up and said,
What shall I do for flesh? And what for bone?
All has some white, and the best white is lead.

But lead gets in the flesh and in the bone,
And if you are a woman, in the child
You bear years hence, and I know, have read

That you may use titanium or zinc,
Not poisonous, but you may be reviled
Because you lack the seriousness bred

For art in men—or else how could you think
Of compromise in this. And I own
I've tried them both, but the best white is lead

Ni boca ni ojos, por lo que no podrán decir injurias
De vos. Venid, venid. Ésta es la sala más grandiosa;
Encargué su construcción tras mucho cavilar
Para que os sintierais en casa. Hice pintar
El techo de manera que recordéis el cielo vespertino—
Pero sin estrellas onerosas o lunas deslumbrantes.
¿Cómo? ¿La austera silueta agazapada en el rincón?
Amor mío, ése ha de ser nuestro lecho. Nuestro lecho.
¡Ah! ¡Vuestra mano tiembla! Me temo
Que hay, todavía, demasiado pulso en ella.

Estudio en blanco

Un amigo artista me llamó y me dijo:
¿cómo le hago con la piel? ¿Y con los huesos?
Todo lleva blanco y el mejor blanco es de plomo.

Pero el plomo entra en la carne y en los huesos
y, cuando eres mujer, en aquellos hijos
que concibas con los años; yo sé, he leído

que puedes usar ya sea titanio o cinc,
sin veneno, pero recibes injurias
por carecer de esa reverencia que ha otorgado

el hombre al arte; si no, cómo pensar
en avenencia en todo esto. Y admito que
he probado ambos, pero el mejor blanco es de plomo

For making up the colors bold and mild,
Conceiving still lifes, matching tone with tone
To reproduce the spectra of the dead.

And I have stood for hours at the sink
Scrubbing white from hands until they bled.
And still my hands are stained, and still I think—
O flesh and blood—but the best white is lead.

para inventar colores tenues e intensos,
rendir bodegones, igualar matices
y así reproducir los espectros de los muertos.

Y he pasado horas de pie frente al lavabo
sangrando mis manos de tallar el blanco.
Aún mis manos tienen manchas, y aun así creo—
Oh piel y sangre—que el mejor blanco sí es de plomo.

Beth Ann Fennelly

(n. 1971)

Asked for a Happy Memory of Her Father, She Recalls Wrigley Field

His drinking was different in sunshine,
as if it couldn't be bad. Sudden, manic,
he swung into a laugh, bought me
two ice creams, said *One for each hand*.

Half the hot inning I licked Good Humor
running down wrists. My bird-mother
earlier, packing my pockets with sun block,
has hopped her warning: *Be careful*.

So, pinned between his knees, I held
his Old Style in both hands
while he streaked the lotion on my cheeks
and slurred *My little Indian princess*.

Home run: the hairy necks of men in front
jumped up, thighs torn from gummy green bleachers
to join the violent scramble. Father
held me close and said *Be careful*,

be careful. But why should I be full of care
with his thick arm circling my shoulders,
with a high smiling sun, like a home run,
in the upper right-hand corner of the sky?

Beth Ann Fennelly

Traducción de Ana Elena González Treviño

Al pedírsele un bonito recuerdo de su padre, le viene a la mente el campo Wrigley

Si bebía bajo el sol era distinto:
no podía ser malo. Repentino, loco,
atacado de risa me compraba
dos helados diciendo, *Uno para cada mano.*

Medio *inning* caliente lamía el Buen humor
que me escurría por las muñecas. Mi madre-ave
antes, al llenarme los bolsillos de bloqueador,
me lo advierte: *Ten cuidado.*

Así, atrapada en sus rodillas, sostenía
su Estilo Antiguo en ambas manos,
y él salpicaba mis mejillas de loción
canturreando *Mi princesita india.*

Jonrón: las velludas nucas de adelante
saltaron, muslos arrancados de las verdes gradas
para unirse al violento festejo. Papá
me apretaba y decía, *Ten cuidado,*

ten cuidado. Pero, ¿por qué tener cuidado
si su grueso brazo me rodeaba los hombros,
bajo un sol alto y sonriente, como un jonrón,
en la esquina superior derecha del cielo?

Why I Can't Cook for Your Self-Centered Architect Cousin

Because to me a dinner table's like a bed—
without love, it's all appetite and stains. Let's buy
take-out for your cousin, or order pizza—his toppings—

but I can't lift a spatula to serve him what I am.
Instead, invite our favorite misfits over: I'll feed
shaggy Otis who, after filet mignon, raised his plate

and sipped merlot sauce with such pleasure
my ego pardoned his manners. Or I'll call Mimi,
the chubby librarian, who paused over tiramisu—

"I haven't felt so satisfied since…" then cried
into its curl of chocolate. Or Randolph might stop by,
who once, celebrating his breakup with the vegetarian,

so packed the purse seine of his wiry body with shrimp
he unbuttoned his jeans and spent the evening
couched, "waiting for the swelling to go down."

Or maybe I'll just cook for us. I'll crush pine nuts
unhinged from the cones' prickly shingles.
I'll whittle the parmesan, and if I grate a knuckle

it's just more of me in my cooking. I'll disrobe
garlic cloves of rosy sheaths, thresh the basil
till moist, and liberate the oil. Then I'll dance

that green joy through the fettuccine, a tumbling,
leggy dish we'll imitate, after dessert.
If my embrace detects the five pounds you win

Por qué me niego a cocinar para el egoísta de tu primo arquitecto

Porque para mí la mesa del comedor es una cama—
sin amor, no queda más que manchas y apetito. Compremos
comida para llevar, o pidamos una pizza—que él escoja los ingredientes—

pero no puedo esgrimir una espátula para servirle lo que soy.
Mejor invita a nuestros excéntricos favoritos: le daré
de comer al desgarbado Otis, quien, después del filete miñón, alzó su plato

y sorbió la salsa de merlot con tanto gusto
que mi ego le perdonó los malos modales. O le hablo a Mimí,
la gordita de la biblioteca, que hizo una pausa con el tiramisú—

"Nunca había estado tan satisfecha desde que…" y lloró
sobre los rizos de chocolate. O podría venir Randolph,
que una vez, para celebrar su rompimiento con la vegetariana,

retacó de camarones la red de su musculoso cuerpo,
se desabotonó los jeans y se pasó la tarde
acostado, "esperando a que se baje la inflamación."

O mejor sólo cocino para nosotros. Trituraré unos piñones
zafados de las tejas puntiagudas de las piñas.
Rallaré el parmesano, y si me raspo un nudillo,

habrá un poco más de mí en mis platillos. Desvestiré
dientes de ajo de sus vainas rosas, machacaré la albahaca
hasta obligarla a soltar su aceite. Luego haré bailar

su gozo verde en fetuchini, un platillo
piernudo y revolcable que imitaremos tú y yo después del postre.
Si mi abrazo detecta los tres kilos que subes

each year, you will merely seem a generous
portion. And if you bring my hand to your lips
and smell the garlic that lingers, that scents

the sweat you lick from the hollows of my clavicles,
you're tasting the reason that I can't cook
for your cousin—my saucy, my strongly seasoned love.

cada año, pensaré que eres una porción
generosa. Y si llevas mi mano a tus labios
y percibes resabios del olor a ajo, que perfuma

el sudor que lames en los huecos de mis clavículas,
estarás probando la razón por la cual no puedo cocinar
para tu primo—mi resalado, mi bien sazonado amor.

Biografías

APRIL LINDNER, redactora de *Líneas conectadas*, ganó el Walt Mcdonald First Book Prize por su primera colección de poesía, *Skin* (Texas Tech University Press, 2002). Sus poemas aparecen en muchas revistas literarias. Garrison Keillor escogió un poema suyo para su antología, *Good Poems*. Es profesora de creación literaria en la Universidad de San José en Filadelfia, Pensilvania.

KIM ADDONIZIO nació en Washington, D.C., en 1954. Tiene varios libros incluso cuatro de poesía. Su libro más reciente es *What Is This Thing Called Love* (W.W. Norton, 2004.) Fue finalista para el National Book Award; también ha recibido becas de la fundación de Guggenheim y del Fondo Nacional para las Artes. Su primera novela, *Little Beauties*, aparecerá en el año presente.

AI nació en Albany, Tejas, en 1947. Es autora de siete libros de poesía, entre ellos *Dread* (Norton, 2003) y *Vice* (Norton). *Vice* fue galardonado con el National Book Award en 1999. Es profesora de lengua y literatura inglesa en la Universidad del Estado de Oklahoma. Está trabajando en un libro sobre su herencia indígena americana.

SHERMAN ALEXIE nació en la Reserva Indígena de Spokane, en Wellpinit, Washington. Es miembro de la tribu Spokane/Coeur d'Alene. Es autor de varias novelas y colecciones de cuentos y poesía. Su libro de poesía más reciente es *One Stick Song* (Hanging Loose, 2000). Vive con su esposa y su hijo en Seattle, Washington.

JULIA ALVAREZ nació en la ciudad de Nueva York, en 1950. Ha realizado varias obras de ficción y tres libros de poesía: *The Other Side/El Otro Lado* (Plume, 1996), *Homecoming: New and Collected Poems* (Plume, 1996), y *The Woman I Kept to Myself* (Algonquin Books, 2004). Vive en el estado de Vermont.

NED BALBO nació en Long Island, N.Y. en 1959. Es autor de dos colecciones de poesía: *Lives of the Sleepers* (University of Notre Dame Press, 2005) y *Galileo's Banquet* (Washington Writers Pub House, 1998).

RAFAEL CAMPO nació en Dover, New Jersey, en 1964. Es autor de diversos libros de poesía. Su más reciente es *Landscape with Human Figure* (Duke University Press, 2002). Su novela *Diva* (Duke University Press, 1999) fue finalista para el National Book Critics Circle Award.

JUDITH ORTIZ COFER nació en Puerto Rico, en 1952. Es autora de muchos libros de varios géneros. Ha escrito una novela, *The Meaning of Consuelo* (Farrar, Straus and Giroux, 2003). Su nueva colección de poesía es *A Love Story Beginning in Spanish* (University of Georgia Press, 2005). Es profesora de lengua y literatura inglesa en la Universidad de Georgia.

SARAH CORTEZ nació en 1950. Es poeta, profesora, y miembro de la policía en Houston, Tejas. Su libro más reciente es *How to Undress a Cop: Poems* (Arte Público, 2000).

MICHAEL DONAGHY nació en Bronx, Nueva York, en 1954. Es autor de *Conjure* (Picador, 2000), *Dances Learned Last Night* (MacMillan, 2001), y *Safest* (Picador, 2005).

MARK DOTY nació en Maryville, Tennessee, en 1953. Es autor de seis libros de poesía. Su obra más conocida, *My Alexandria* (University of Illinois Press, 1993), ganó el National Book Critics Circle Award y también fue finalista del National Book Award. Su libro más reciente es *Source* (Harper Collins, 2002). Es profesor en la Universidad de Houston.

RITA DOVE nació en Akron, Ohio, en 1952. Fue nombrada Poeta Laureada de los EE.UU. de 1993 a 1995 y actualmente es Poeta Laureada de Virginia. Es autora de ocho colecciones de poesía, una novela, obras de teatro, y diversos ensayos. Es profesora de lengua y literatura inglesa en la Universidad de Virginia.

JOHN DRURY nació en Cambridge, Maryland, en 1950. Es autor de *The Disappearing Town* (Miami University Press, 2000), *Burning the Aspern Papers* (Miami University Press, 2003), y *The Poetry Dictionary* (Story Press, 1995). Sus poemas aparecen frecuentemente en revistas literarias. Es profesor en la Universidad de Cincinnati.

DENISE DUHAMEL nació en Woosocket, Rhode Island, en 1961. Tiene varios libros. Sus más recientes son *Two and Two* (University of Pittsburgh Press, 2005) y *Mille et un Sentiments* (Firewheel, 2005).

CORNELIUS EADY nació en Rochester, Nueva York, en 1954. Es autor de diversos libros de poesía, más recientemente, *Brutal Imagination* (G. P. Putnam's Sons, 2001). Es profesor asociado de lengua y literatura inglesa y director del Centro de la Poesía en la Universidad del Estado de Nueva York en Stony Brook. Vive en Nueva York.

LYNN EMANUEL nació en Monte Kisco, Nueva York, en 1949. Su libro más reciente es *Then, Suddenly* (University of Pittsburgh Press, 1999). Acabó de servir como juez del National Book Award.

BETH ANN FENNELLY nació en el estado de New Jersey pero fue elevado en Lake Forest, Illinois. Fue editada dos veces en la serie *The Best American Poetry* (1996, 2005). Su primer libro de poemas, *Open House* (Zoo Press), ganó el Kenyon Review Prize en 2001. Su libro más reciente de poesía es *Tender Hooks* (W. W. Norton, 2004). Es profesora en la Universidad de Mississippi.

CAROLYN FORCHÉ nació en Detroit, Michigan, en 1950. Es autora de cuatro libros de poesía: *Blue Hour* (HarperCollins, 2004), *The Angel of History* (Perennial, 1994), *The Country Between Us* (HarperCollins, 1982), y *Gathering the Tribes* (Yale University Press, 1976). Es profesora en el programa de maestría en Bellas Artes de la Universidad de George Mason en Fairfax, Virginia.

JORIE GRAHAM nació en la ciudad de Nueva York en 1950. Ha producido varias colecciones de poesía. El libro nuevo suyo es *Overlord: Poems* (Ecco, 2005). Su colección *The Dream of the Unified*

Field (Ecco) ganó el Premio Pulitzer en 1996. Es profesora en la Universidad de Harvard. Vive en Cambridge, Massachusetts.

EMILY GROSHOLZ nació en un suburbio de Filadelfia, Pensilvania en 1950. Ha escrito cuatro libros de poesía. La obra suya más reciente es *The Abacus of Years: Poems* (David R. Godine, 2002). Es profesora de filosofía en la universidad de Penn State y es redactora consultiva de *The Hudson Review*.

R.S. GWYNN nació en Eden, Carolina del Norte, en 1948. Es autor de *No Word of Farewell: Poems 1970–2000* (Story Line Press 2000). El nuevo antología *Contemporary American Poetry: A Pocket Anthology* (Longman, 2004) fue redactado por Gwynn y April Lindner. Es profesor en la Universidad de Lamar, Tejas. Vive en Beaumont, Tejas, con su esposa, Donna.

FORREST HAMER nació en Carolina del Norte en 1956. Es autor de *Call & Response* (Alice James Books, 1995) y *Middle Ear* (Roundhouse/Heyday, 2000). Es psicólogo y vive en Oakland, Calif.

H.L. HIX nació en 1960. Es profesor de creación literaria y dirige el programa de la maestría en Bellas Artes de la Universidad de Wyoming. Sus libros más recientes son *Shadows of Houses* (2005), de poesía, y *As Easy As Lying* (2002), de ensayos, ambos editados por Etruscan Press.

TONY HOAGLAND nació en Fort Bragg, Carolina del Norte, en 1953. Ha escrito tres libros de poesía: *Sweet Ruin* (University of Wisconsin Press, 1993), *Donkey Gospel* (Graywolf Press, 1998), y *What Narcissism Means To Me* (Graywolf Press, 2003). Es profesor de creación literaria en el programa de posgrado en la Universidad de Houston y en el programa Warren Wilson de la maestría en Bellas Artes.

ANDREW HUDGINS nació en Killeen, Tejas, en 1951. Tiene seis libros de poesía. Sus obras más recientes son *Ecstatic in the Poison* (Overlook, 2003) y *Babylon in a Jar* (Mariner Books, 2001). Es profesor de lengua y literatura inglesa en la Universidad del Estado de Ohio.

MARK JARMAN nació en Monte Sterling, Kentucky, en 1952. Es autor de *Body and Soul: Essays on Poetry* (University of Michigan Press, 2002) y *To the Green Man* (Sarabande Books, 2004), una colección de poesía. Es profesor en la Universidad de Vanderbilt.

SUJI KWOCK KIM, nació en Poughkeepsie, Nueva York, en 1968. Su primer libro, *Notes from the Divided Country* (Louisiana State University Press, 2003) ganó varios premios, incluso *The Nation*/Discovery Award y el Walt Whitman Award de la Academia de Poetas Norteamericanas. Vive entre San Francisco y Nueva York.

YUSEF KOMUNYAKAA nació en Bogalusa, Luisiana, en 1947. Tiene diez volúmenes de poesía y ha recibido varios premios. Su libro de poesía más reciente es *Taboo: The Wishbone Trilogy: Part One* (Farrar, Straus and Giroux, 2004). Es maestro en la Universidad de Princeton y vive en Nueva York.

LI-YOUNG LEE nació en Yakarta, Indonesia, en 1957. Tiene tres libros de poesía. Su obra más reciente es *Book of My Nights: Poems* (BOA Editions, 2001). Ha recibido varios premios además de becas de la fundación de Guggenheim y del Fondo Nacional para las Artes. Vive en Chicago, Illinois con su esposa, Donna, y dos hijos.

LARRY LEVIS nació en Fresno, California, en 1946. Obtuvo su licenciatura de Fresno State College, su maestría de la Universidad de Syracuse, y su doctorado de la Universidad de Iowa. Tiene seis colecciones de poesía – con premios importantes – y una colección de cuentos. Falleció de un infarto a la edad de cuarenta y nueve años.

KATE LIGHT nació en 1960. Es autora de dos libros de poesía: *The Laws of Falling Bodies* (Story Line Press, 1997) y *Open Slowly* (Zoo Press, 2003).

ADRIAN C. LOUIS nació en Lovelock, Nevada, en 1946. Es indígena de la tribu de Lovelock Paiutes. Louis ha escrito doce libros de poesía y dos obras de ficción. Es profesor de lengua y literatura inglesa en la Universidad del Estado de Minnesota.

THOMAS LUX nació en Northampton, Massachusetts, en 1946. Fue educado en Emerson College y la Universidad de Iowa. Tiene varios libros de poesía. El último es *The Cradle Place* (Houghton Mifflin, 2004), una colección de cincuenta y dos poemas nuevos.

DAVID MASON nació en Bellingham, Washington, en 1954. Tiene tres libros de poesía: *The Buried Houses* (Story Line Press, 1991), *The Country I Remember* (Story Line Press, 1996), and *Arrivals* (Story Line Press, 2004). Ha redactado unas antologías, y sus poemas se han editado frecuentemente en revistas literarias. Es profesor de Colorado College y vive en las montañas a la orilla de Colorado Springs.

MEKEEL MCBRIDE nació en Pittsburgh, Pensilvania, en 1950. Es autor de *The Deepest Part of the River* (Carnegie Mellon University Press, 2001) y *Wind of the White Dresses* (Carnegie Mellon University Press, 2001).

MARILYN NELSON nació en Cleveland, Ohio, en 1946. Ha escrito doce libros de poesía editados por Louisiana State University Press. Es profesora de lengua y literatura inglesa en la Universidad de Connecticut, Storrs.

NAOMI SHIHAB Nye nació en San Luis, Missouri, en 1952. Es autora de *A Maze Me: Poems for Girls* (Greenwillow, 2005) y *19 Varieties of Gazelle: Poems of the Middle East* (Greenwillow, 2002), que fue finalista para el National Book Award. Vive en San Antonio, Tejas.

MOLLY PEACOCK nació en Buffalo, Nueva York, en 1947. Ha escrito cinco volúmenes de poesía, incluso *Cornucopia: New & Selected Poems* (W.W. Norton and Company, 2002). Es profesora en el programa de maestría de Bellas Artes en la Universidad de Spalding. Ya esta de gira con su presentación dramática de poesías, "The Shimmering Verge."

ALBERTO ALVARO Ríos nació en 1952 en Nogales, Arizona, al lado estadounidense de la frontera norteña de México. Tiene muchos libros de poesía. Ha recibido varios galardones literarios, incluso becas de la fundación de Guggenheim y del Fondo Nacional para las Artes. Es profesor de lengua y literatura inglesa en la Universidad del Estado de Arizona y vive en Chandler, Arizona.

WENDY ROSE nació en Oakland, California, en 1948. Vive en Coarsegold, California. Su libro más reciente es *Itch Like Crazy* (University of Arizona Press, 2002). Ella es propietaria de una tienda de joyas, arte, y antigüedades que se llama "Oh Grow Up!" en Oakhurst, California, cerca del parque de Yosemite.

KAY RYAN nació en San José, California, en 1945. Ganó el Ruth Lilly Poetry Prize de 2004. Su sexto libro de poemas es *Say Uncle* (Grove Press, 2000). Vive en la zona metropolitana de San Francisco, California.

BENJAMIN ALIRE SÁENZ nació en la casa de su abuela en Picacho, Nuevo México, en 1954. Tiene tres libros de poesía: *Calendar of Dust* (Broken Moon Press, 1991), *Dark and Perfect Angels* (Cinco Puntos Press, 1995), y *Elegies in Blue* (Cinco Puntos Press, 2002). También, Sáenz escribe ficción y acabó de salir una novela nueva, *In Perfect Light* (Rayo, 2005).

MARY JO SALTER nació en Grand Rapids, Michigan, en 1954. Es autora de *A Kiss in Space: Poems* (Knopf, 2001) y *Open Shutters: Poems* (Knopf, 2003).

GJERTRUD SCHNACKENBERG nació en Tacoma, Washington, en 1953. Es autora de varias colecciones de poesía. Sus libros más recientes son *Supernatural Love: Poems 1976-1992* (Farrar, Straus and Giroux, 2000) y *The Throne of Labdacus: A Poem* ((Farrar, Straus and Giroux, 2001).

ROBERT B. SHAW nació en 1947. Ha trabajado como profesor en las universidades de Harvard y Yale. Ya es profesor de lengua y literatura inglesa en Mount Holyoke College. La mas reciente de sus cinco colecciones de poesía, *Solving for X* (Ohio University Press, 2002), recibió el Hollis Summers Prize.

RON SILLIMAN nació en Pasco, Washington, en 1946. Es autor de varios libros de poesía. Sus más recientes son *Tjanting* (Salt Publishing, 2002) y *Under Albany* (Salt Publishing, 2004).

David St. John nació en Fresno, California, en 1949. Es autor de nueve libros de poesía. El más reciente es *The Face: A Novella in Verse* (HarperCollins, 2004). Es director del programa de doctorado en literatura y composición literaria en la Universidad de Southern California. Vive en Venice Beach, California.

A.E. Stallings nació en Decatur, Georgia, en 1968. Su primera colección de poesía, *Archaic Smile* (University of Evansville Press, 1999), ganó el Richard Wilbur Award. Stallings fue editada dos veces en la serie *The Best American Poetry* (1994, 2000), y ganó un Pushcart Award. Tiene una nueva colección de poesía, *Hapax* (Triquarterly, 2005). Vive en Atenas, Grecia.

Timothy Steele nació en Burlington, Vermont, en 1948. Es autor de dos colecciones de poesía: *The Color Wheel* (Johns Hopkins University Press 1994) y *Sapphics and Uncertainties: Poems 1970-1986* (University of Arkansas Press 1995).

Diane Thiel nació en 1967. Tiene libros en géneros de poesía, literatura no novelesca, y pedagogía. Sus obras más recientes son *The White Horse: A Colombian Journey* (Etruscan Press, 2004), *Resistance Fantasies* (Story Line Press, 2004), y *Crossroads: Creative Writing Exercises in Four Genres* (Longman, 2004). Es profesora en la Universidad de Nuevo México.

Amy Uyematsu nació en Pasadena, California, en 1951. Es poeta y profesora de Los Ángeles. Su primer libro, *30 Miles from J-Town* (Story Line Press), ganó en 1992 el Nicholas Roerich Poetry Prize. Tiene dos otras colecciones de poesía: *Nights of Fire, Nights of Rain* (Story Line Press, 1998) y *Stone Bow Prayer* (Copper Canyon Press, 2005).

Las menciones

"Un silencio palpable" y "Tortuga" de *Flamingo Watching* de Kay Ryan, © 1994. Reimpresos con autorización de Copper Canyon Press.

"Elegía con un dedal de agua en la jaula" es de *Elegy*, por Larry Levis © 1997. Reimpreso con autorización de University of Pittsburgh Press.

Louis, Adrian. "En busca de Judas," de *Vortex of Indian Fevers*. Evanston: TriQuarterly Books/ Northwestern University Press, 1995. "Sin palabras" incluido con autorización del autor, Adrian C. Louis, 2005.

"Un pequeño diente" de *The Drowned River: New Poems* de Thomas Lux. © 1997 por Thomas Lux. Reimpreso con autorización de Houghton Mifflin Company. Todos derechos reservados. "Refrigerador, 1957" de *New and Selected Poems, 1975-1995* de Thomas Lux. Derechos del autor © 1997 por Thomas Lux. Reimpreso con autorización de Houghton Mifflin Company. Todos derechos reservados.

"Como descubrí la poesía" de *The Homeplace*. © 1989, 1990 por Marilyn Nelson Waniek. Reimpreso con autorización de Louisiana State University Press. "Pequeño milagro" de *The Fields of Praise: New and Selected Poems*. © 1997 por Marilyn Nelson Waniek. Reimpreso con autorización de Louisiana State University Press.

"El cuaderno chino" por Ron Silliman fue editado originalmente en *The Age of Huts* (Roof Books, 1986).

"El golpeador de niños," "Ni siquiera dijo adiós," de *Vice: New and Selected Poems* por Ai. Derechos del autor © 1999 por Ai. Incluidos con autorización de W. W. Norton & Company, Inc.

"Cara a cara" de Yusef Komunyakaa, de *Dien Cai Dau* (Wesleyan University Press, 1988). ©1988 por Yusef Komunyakaa. Reimpreso con autorización de Wesleyan University Press. Reimpreso con autorización de Farrar, Straus and Giroux, LLC: "Oda al gusano" de *Talking Dirty to the Gods* por Yusef Komunyakaa. Derechos del autor © 2000 por Yusef Komunyakaa.

Reimpreso de: *The Gathering of My Name*: "Los supremos" con autorización de Carnegie-Mellon University Press © 1991 por Cornelius Eady. Reimpreso de: *Victims of the Latest Dance Craze*: "Bailarín de Jazz" con autorización de Carnegie-Mellon University Press © 1997 por Cornelius Eady.

"Hielo negro y lluvia" de *Conjure* de Michael Donaghy. Reimpreso con autorización de Macmillan, London, UK.

"Canción de los poderes" y "La casa perdida" de David Mason. Reimpresos con autorización del autor y Story Line Press (www.storylinepress.com).

"Bienvenido a Hiroshima" de *Henry Purcell in Japan* de Mary Jo Salter, derechos del autor © 1984 por Mary Jo Salter. Incluido con autorización de Alfred A. Knopf, subsidiario de Random House, Inc. "Cartas Muertas" de *Unfinished Painting* de Mary Jo Salter, © 1989 por Mary Jo Salter. Incluido con autorización de Alfred A. Knopf, subsidiario de Random House, Inc.

"Resurrecciones" incluido con autorización del autor, Benjamin Alire Sáenz, 2005. "Al desierto" de *Dark and Perfect Angels* de Benjamin Alire Sáenz, editado por Cinco Puntos Press, www.cincopuntos.com.

"Por la orilla del río" de *Call and Response*. © 1995 por Forrest Hamer. Reimpreso con autorización de Alice James Books. "Narrativa Goldsboro #7" incluido con autorización del autor, Forrest Hamer, 2005.

Li-Young Lee, " El obsequio" de *Rose*. © 1986 por Li-Young Lee. "Esta hora y lo que está muerto" de *The City In Which I Love You*. © 1990 por Li-Young Lee. Los dos reimpresos con autorización de BOA Editions, Ltd., www. BOAEditions.org.

"Aristaeo perdonado" y "Segundo círculo" de *Lives of the Sleepers* de Ned Balbo. © 2005 por Ned Balbo. Editado por University of Notre Dame Press, Notre Dame IN 46556. Incluido con autorización.

Extractos de "Órdenes de magnitud" por H. L. Hix, de *Rational Numbers*, © 2000 Truman State Press. Reimpreso con autorización.